O PROCESSO DE SECURITIZAÇÃO DAS RELAÇÕES ECONÔMICAS SINO-AMERICANAS NA ADMINISTRAÇÃO TRUMP (2017-2021)

REFLEXÕES SOBRE A COMPETIÇÃO COM A CHINA NA ESTRATÉGIA DE SEGURANÇA NACIONAL DOS ESTADOS UNIDOS

Editora Appris Ltda.
1.ª Edição - Copyright© 2024 das autoras
Direitos de Edição Reservados à Editora Appris Ltda.

Nenhuma parte desta obra poderá ser utilizada indevidamente, sem estar de acordo com a Lei nº
9.610/98. Se incorreções forem encontradas, serão de exclusiva responsabilidade de seus organi-
zadores. Foi realizado o Depósito Legal na Fundação Biblioteca Nacional, de acordo com as Leis nᵒˢ
10.994, de 14/12/2004, e 12.192, de 14/01/2010.

Catalogação na Fonte
Elaborado por: Dayanne Leal Souza
Bibliotecária CRB 9/2162

R375p 2024	Reis, Yasmim Abril Monteiro O processo de securitização das relações econômicas sino-americanas na administração Trump (2017-2021): reflexões sobre a competição com a China na Estratégia de Segurança Nacional dos Estados Unidos / Yasmim Abril Monteiro Reis e Erica Simone Almeida Resende. – 1. ed. – Curitiba: Appris, 2024. 150 p. : il. color. ; 21 cm. – (Coleção Ciências Sociais). Inclui referências. ISBN 978-65-250-6755-1 1. Estados Unidos. 2. China. 3. Donald Trump. 4. Comércio internacional. 5. Estratégia competitiva. 6. Segurança internacional. 7. Geopolítica. I. Reis, Yasmim Abril Monteiro. II. Resende, Erica Simone Almeida. III. Título. IV. Série. <div align="right">CDD – 382</div>

Livro de acordo com a normalização técnica da ABNT

Appris editora

Editora e Livraria Appris Ltda.
Av. Manoel Ribas, 2265 – Mercês
Curitiba/PR – CEP: 80810-002
Tel. (41) 3156 - 4731
www.editoraappris.com.br

Printed in Brazil
Impresso no Brasil

Yasmim Abril Monteiro Reis
Erica Simone Almeida Resende

O PROCESSO DE SECURITIZAÇÃO DAS RELAÇÕES ECONÔMICAS SINO-AMERICANAS NA ADMINISTRAÇÃO TRUMP (2017-2021)

REFLEXÕES SOBRE A COMPETIÇÃO COM A CHINA NA ESTRATÉGIA DE SEGURANÇA NACIONAL DOS ESTADOS UNIDOS

Appris
editora

CURITIBA, PR
2024

FICHA TÉCNICA

EDITORIAL
Augusto Coelho
Sara C. de Andrade Coelho

COMITÊ EDITORIAL
Ana El Achkar (Universo/RJ)
Andréa Barbosa Gouveia (UFPR)
Antonio Evangelista de Souza Netto (PUC-SP)
Belinda Cunha (UFPB)
Délton Winter de Carvalho (FMP)
Edson da Silva (UFVJM)
Eliete Correia dos Santos (UEPB)
Erineu Foerste (Ufes)
Fabiano Santos (UERJ-IESP)
Francinete Fernandes de Sousa (UEPB)
Francisco Carlos Duarte (PUCPR)
Francisco de Assis (Fiam-Faam-SP-Brasil)
Gláucia Figueiredo (UNIPAMPA/ UDELAR)
Jacques de Lima Ferreira (UNOESC)
Jean Carlos Gonçalves (UFPR)
José Wálter Nunes (UnB)
Junia de Vilhena (PUC-RIO)

Lucas Mesquita (UNILA)
Márcia Gonçalves (Unitau)
Maria Aparecida Barbosa (USP)
Maria Margarida de Andrade (Umack)
Marilda A. Behrens (PUCPR)
Marília Andrade Torales Campos (UFPR)
Marli Caetano
Patrícia L. Torres (PUCPR)
Paula Costa Mosca Macedo (UNIFESP)
Ramon Blanco (UNILA)
Roberta Ecleide Kelly (NEPE)
Roque Ismael da Costa Güllich (UFFS)
Sergio Gomes (UFRJ)
Tiago Gagliano Pinto Alberto (PUCPR)
Toni Reis (UP)
Valdomiro de Oliveira (UFPR)

SUPERVISORA EDITORIAL
Renata C. Lopes

PRODUÇÃO EDITORIAL
Bruna Holmen

REVISÃO
Simone Ceré

DIAGRAMAÇÃO
Bruno Ferreira Nascimento

CAPA
Carlos Pereira

REVISÃO DE PROVA
Bruna Santos

COMITÊ CIENTÍFICO DA COLEÇÃO CIÊNCIAS SOCIAIS

DIREÇÃO CIENTÍFICA
Fabiano Santos (UERJ-IESP)

CONSULTORES
Alícia Ferreira Gonçalves (UFPB)
Artur Perrusi (UFPB)
Carlos Xavier de Azevedo Netto (UFPB)
Charles Pessanha (UFRJ)
Flávio Munhoz Sofiati (UFG)
Elisandro Pires Frigo (UFPR-Palotina)
Gabriel Augusto Miranda Setti (UnB)
Helcimara de Souza Telles (UFMG)
Iraneide Soares da Silva (UFC-UFPI)
João Feres Junior (Uerj)

Jordão Horta Nunes (UFG)
José Henrique Artigas de Godoy (UFPB)
Josilene Pinheiro Mariz (UFCG)
Leticia Andrade (UEMS)
Luiz Gonzaga Teixeira (USP)
Marcelo Almeida Peloggio (UFC)
Maurício Novaes Souza (IF Sudeste-MG)
Michelle Sato Frigo (UFPR-Palotina)
Revalino Freitas (UFG)
Simone Wolff (UEL)

AGRADECIMENTOS

Yasmim Abril Monteiro Reis gostaria de agradecer à família: à mãe, Simone Cruz Abril, aos avôs, Marli e Sebastião, por toda a dedicação e por sempre acreditarem nela. Agradece também aos professores e colegas da Escola Superior de Guerra (PPGSID) e colegas do Observatório Político dos Estados Unidos (Opeu).

Erica Resende gostaria de agradecer aos amigos e colegas que contribuíram – e continuam a contribuir – para uma próspera carreira na Academia: Danilo, Flávia, Sabrina, João, Élcio, Fabrício, Elisângela, Sandro, Juliana, Jacintho, Maria Célia e muitos outros.

As autoras também agradecem à Coordenação de Aperfeiçoamento de Pessoal de Nível Superior (Capes), pela bolsa que viabilizou o mestrado de Yasmim Abril Monteiro Reis, e à Fundação Carlos Chagas Filho de Amparo à Pesquisa do Estado do Rio de Janeiro (Faperj), que financiou a editoração deste livro.

PREFÁCIO

Desde os anos 1970, as relações bilaterais Estados Unidos-China surgem como referência de grandes transformações na política internacional. Durante a Guerra Fria, a reaproximação diplomática entre os dois países nos anos 1970 trouxe uma nova dinâmica à disputa bipolar Estados Unidos-União Soviética (URSS). Termos muito comuns no século XXI como multipolaridade, tripolaridade, desconcentração de poder eram alguns dos elementos que inspiravam esta reaproximação já naquele momento, mesmo em um cenário que muitos achavam restrito às superpotências.

Neste contexto, ambos possuíam interesses convergentes do ponto de vista geopolítico, associados à contenção da URSS. Ainda que motivados por percepções de ameaças diversas com relação aos soviéticos, a competição da Guerra Fria para os Estados Unidos e o risco de ingerência para a China, esta reaproximação reconfigurou o equilíbrio de poder eurasiano e global. Ambas também possuíam objetivos de cooptação e de restrição de ameaça mútua, por diferentes motivações.

Ao se aproximar da China, os Estados Unidos buscavam um novo pivô na Ásia que se somasse às alianças com a Europa Ocidental, o Japão e a Coreia do Sul (e contivesse também o crescimento e competição destes aliados ocidentais). Ao mesmo tempo, buscavam sua transformação por meio de agendas econômicas, na tradicional dinâmica do engajar para conter da política externa norte-americana. Do lado da China, a retomada respondia à necessidade de modernização e desenvolvimento, visando duplamente reduzir suas vulnerabilidades e prover um salto qualitativo na economia e sociedade, sem despertar desconfianças. Pragmaticamente forjava-se um eixo inovador com impactos para os Estados Unidos, a China e o mundo.

É sobre este eixo inovador que a dissertação de mestrado, agora livro, de Yasmim Abril Monteiro Reis, se debruça. Intitulada *O processo de securitização das relações econômicas sino-americanas na administração Trump (2017-2021): reflexões sobre a competição com a*

China na Estratégia de Segurança Nacional dos Estados Unidos e orientada pela Prof.ª Dr.ª Erica Simone Almeida Resende, no âmbito do Programa de Pós-Graduação em Segurança Internacional e Defesa da Escola Superior de Guerra, a reflexão de Yasmim indica a transformação da natureza destas relações bilaterais. Além disso, aborda as suas complexidades, no que se refere à intersecção dos temas mais tradicionais da geopolítica às realidades geoeconômicas do intercâmbio.

Se no passado eram relações bilaterais amparadas em convergências e em percepções mútuas de potencial engajamento e ameaça, e caracterizadas por uma forte assimetria entre duas potências em esferas diferentes de poder, no presente, observa-se uma inédita disputa hegemônica entre duas nações interdependentes provenientes de eixos diferentes: do Norte ao Sul, do Ocidente ao Oriente. Se esta disputa se converteu, ou se converterá, em uma Guerra Fria 2.0 ou em uma coexistência competitiva, permanece em aberto. Em tal contexto, as páginas a seguir ajudam a entender o *turning point* destes processos de convergências, divergências e disputas, focando na administração Trump e a securitização das relações econômicas Estados Unidos-China.

Apesar das inúmeras cortinas de fumaça da gestão republicana entre 2017-2021, muitas delas associadas à personalidade de Trump, a pauta de contenção da China trazida por este governo possui elementos multidimensionais e que não podem ser subestimados como novos referenciais das relações bilaterais. Mais ainda, Trump não foi o primeiro, e nem será o último, presidente dos Estados Unidos no século XXI a tratar a China como a principal ameaça à *Pax Americana*. Basta lembrar, que esta trajetória de endurecimento se inicia com o Pivô Asiático do Presidente Barack Obama (2009-2016) e a reforma do eixo estratégico regional do Pacífico ao Indo-Pacífico, e se mantém na administração Joe Biden em seu primeiro mandato (2021-2024). Muda-se a retórica e a tática, mas não se transforma o sentido da hegemonia em busca da sua continuidade.

Por fim, é preciso destacar que esta obra se insere como mais uma produção de "Americanistas" brasileiros sobre temas da política externa e da estratégia dos Estados Unidos. Há poucas décadas atrás, em particular antes do fim da Guerra Fria, as pesquisas e produções sobre Estados

Unidos em português eram bastante restritas, e muitas vezes focadas em questões mais culturais, históricas e abordando a agenda bilateral. Depois de 1989, acompanhando o crescimento da área de Relações Internacionais no país, e pelos esforços de um núcleo duro de "Americanistas" que decidiram encampar a meta de tornar estas reflexões uma necessidade e não uma exceção, esta é uma realidade muito diferente.

No século XXI, já existe uma importante massa crítica de especialistas brasileiros sobre Estados Unidos. Áreas como Segurança e Defesa, Geopolítica e Geoeconomia, Economia Política Internacional, somente para mencionar algumas dentro da multidisciplinaridade das Relações Internacionais, ganham cada vez mais densidade. A sucessão de gerações de "Americanistas" formando novos "Americanistas" é prova desta consolidação de um espaço de reflexão e debate, com um olhar nacional, na qual se pensa os Estados Unidos com um olhar brasileiro.

E, no caso da obra de Yasmim Reis e Erica Resende, um olhar brasileiro sobre o que é a grande questão da política internacional contemporânea: a transição hegemônica inédita envolvendo os Estados Unidos e a China. Para o Brasil, compreender este momento de seus dois principais parceiros geopolíticos e geoeconômicos é mais do que essencial em direção a uma agenda de autonomia e soberania, recomendando-se a leitura desta obra.

São Paulo, 27 de julho de 2024.

Cristina Soreanu Pecequilo

Livre Docente em Política Internacional pela Universidade Federal de São Paulo (UNIFESP). Doutora em Ciência Política pela Universidade de São Paulo (USP). Professora de Relações Internacionais da UNIFESP e dos Programas de Pós-Graduação em Relações Internacionais San Tiago Dantas (UNESP/UNICAMP/PUC-SP) e em Economia Política Internacional da Universidade Federal do Rio de Janeiro (UFRJ). Pesquisadora do Núcleo Brasileiro de Estratégia e Relações Internacionais da Universidade Federal do Rio Grande do Sul (NERINT/UFRGS) e do CNPq.

E-mail: crispece@gmail.com

Acredito que cada um de nós, não importa a idade ou a jornada, cada um de nós tem algo a contribuir para a vida desta nação.

Michelle Obama

SUMÁRIO

1

INTRODUÇÃO 15

2

A RELAÇÃO BILATERAL EUA-CHINA: UMA PERSPECTIVA HISTÓRICA PARA COMPREENSÃO DO GOVERNO TRUMP 21

2.1 A imigração chinesa para os EUA no século XIX e a corrida para Oeste 23

2.2 A política externa dos EUA para a China (1950-1970) 26

2.2.1 A Diplomacia Triangular 34

2.3 A política externa dos EUA para a China (1980-2001) 37

2.4 A política externa dos EUA para a China (2001-2017) 44

2.4.1 A política do Pivô Asiático 46

2.5 A política externa dos EUA para a China no governo Trump (2017-2021): a construção da narrativa de uma potência contestadora 49

3

O PROCESSO DE SECURITIZAÇÃO DA AGENDA ECONÔMICA 55

3.1 Revisão de literatura: o conceito de securitização 55

3.2 A pandemia de Covid-19 e os limites críticos à teoria 68

3.3 O uso da economia como instrumento de guerra 74

3.4 Considerações metodológicas sobre a amostra 85

4

A SECURITIZAÇÃO DA AGENDA ECONÔMICA POR MEIO DE ATOS DISCURSIVOS 97

4.1 Análise de Discurso: uma revisão 98

4.2 Levantamento e mapeamento dos significantes flutuantes 107

4.3 A reprodução da articulação discursiva nas demais esferas governamentais domésticas 124

5

CONSIDERAÇÕES FINAIS..131

REFERÊNCIAS...139

INTRODUÇÃO

A relação entre Estados Unidos e China move-se por padrões de cooperação e contenção desde 1949, já que era considerada inviável até o governo Nixon, devido ao regime político da China à época, o comunismo. Além disso, as adversidades conflituosas se mostravam um empecilho para a construção das relações diplomáticas entre Estados Unidos e China. Para Sutter (2010), "as raízes do relacionamento sino-americano contemporâneo, estreitamente interligado, começaram no que parecia ser circunstâncias muito adversas"[1] (Sutter, 2010, p. 65). A título de exemplo, os Estados Unidos participaram da Guerra do Vietnã como adversários da China, que apoiava grupos locais. Apesar disso, o final da década de 1970 teve um papel fundamental para a reaproximação entre os dois países, sobretudo por meio das relações econômicas. Desse modo, o viés econômico bilateral entre Estados Unidos e China do período foi marcado por acordos bilaterais, em consequência da decisão política de Deng Xiaoping (1978-1992) de realizar a abertura externa da China por meio de reformas políticas e econômicas.

Por conseguinte, a década de 1980 foi considerada o "período de ouro" das relações sino-americanas devido aos avanços econômicos e à renovação da China como nação mais favorecida[2]. Não por engano, "a comparação da política comercial com a década de 1980 é inevitável" (Mendonça; Thomaz; Lima; Vigevani, 2019, p. 111), dado que "uma nova concepção de política comercial" (Mendonça; Thomaz; Lima; Vigevani, 2019, p. 111) passou a vigorar. Essa

---

[1] A tradução livre desta citação, assim como as demais presentes neste trabalho, é de responsabilidade das autoras.

[2] A Cláusula da Nação mais favorecida refere-se ao Estado que recebe benefícios e vantagens no comércio internacional de outra Nação, como exemplo, a redução de tarifas.

política foi caracterizada pela aplicação de medidas unilaterais pelos Estados Unidos contra seus adversários econômicos. Além disso, reconhecem-se os acontecimentos da década como fatores-chave para construção da percepção da economia como uma importante variável para a segurança nacional norte-americana. Assim, Mendonça (2009, p. 117) ressalta:

> Aquela década presenciou um novo posicionamento norte-americano com relação à economia internacional. Paradoxalmente, com a vitória de Reagan nas eleições de 1981, os Estados Unidos assumiram, embora não de forma imediata, uma postura mais rígida no que diz respeito à política comercial.

Desse modo, verifica-se a economia como uma variável em ascensão no contexto da segurança nacional e internacional norte-americana em consonância com o exposto anteriormente. Contudo, a relação foi abalada ao final da década de 1980, por efeito do episódio da Praça da Paz Celestial (1989). A partir desse momento, o Congresso norte-americano, conjuntamente com a opinião pública, foi contrário à construção de uma relação amistosa. Desse modo, verifica-se que a referida década foi marcada pelo tensionamento tanto do ponto de vista das políticas de segurança como das políticas comerciais.

O governo Bill Clinton (1993-2001) foi significativo para o processo de integração da China ao sistema internacional, já que iniciou o procedimento das negociações que culminaram na entrada formal do país na Organização Mundial do Comércio (OMC) em 2001[3]. Além disso, a década de 1990 marcou o início da ordem internacional pós-Guerra Fria, a qual, pela primeira vez, notou a China como um poderio econômico em ascensão.

Para Pontes (2021), "a década de 1990 foi marcada pelo aprofundamento das relações comerciais e, pela primeira vez desde a retomada das relações com os EUA, a China era percebida como

---

[3] Taiwan ingressou na OMC em 2002. Destaca-se também que, antes do reconhecimento da República Popular da China (RPC), os Estados Unidos reconheciam Taiwan perante as instituições internacionais.

um poder econômico global no pós-Guerra Fria" (Pontes, 2021, p. 139). Com isso, o governo Clinton começou o processo de inserção chinesa no sistema internacional. De outro modo, diante da percepção da ascensão econômica, os Estados Unidos optaram por negociar via aspecto comercial para trazê-la para o "jogo ocidental" no tabuleiro da política internacional. Assim, identificou-se que o governo colocava a relação comercial com a China como um elemento essencial para a promoção da democracia pelo mundo.

Em 2001, após os ataques terroristas de 11 de setembro, a política externa norte-americana foi pautada pela "Guerra ao Terror", em particular voltada para a região do Oriente Médio. Ao mesmo tempo, a China formalizou seu ingresso na OMC, constituindo um marco importante na relação sino-americana. Entretanto, a estratégia desenvolvida durante o governo George W. Bush (2001-2009) consistia na construção de uma política direcionada para a Ásia, a fim de conter a China tanto no âmbito regional quanto internacional (Pontes, 2021, p. 139-149).

No novo governo de Barack Obama (2009-2017), o ambiente político dos Estados Unidos era, ainda, pautado pela "Guerra ao Terror", ao mesmo tempo que o poderio econômico, militar e tecnológico chinês se expandiu mundialmente. Apesar de o governo Obama ter lançado uma estratégia orientada para a Ásia, denominada "Pivô para a Ásia", a posição do governo não colocava a China de forma assertiva como um Estado inimigo em potencial para os Estados Unidos. Todavia, com a ascensão de Donald Trump (2017-2021), os EUA reformularam o tratamento da China, sinalizando-a como inimiga de forma direta em discursos e documentos oficiais, sobretudo por meio da retórica econômica de responsabilização do país asiático pela situação econômica doméstica norte-americana desfavorável.

Nesse contexto, em 2017, foi lançada a Estratégia de Segurança Nacional[4] (NSS, *National Security Strategy*, em inglês). Nesse documento observou-se, a título de exemplo, uma mudança na agenda

---

[4] O National Security Strategy é um documento elaborado de forma regular com o objetivo de sinalizar as ameaças e prioridades da Segurança Nacional dos Estados Unidos.

de segurança dos Estados Unidos, já que o documento apontou a China como um competidor estratégico, classificando-a como um Estado revisionista.

Por fim, para ilustrar essa mudança o governo Trump continuou o processo de transformação no sistema internacional que teve início durante o governo Obama, já que, na Estratégia de Defesa Nacional (NDS, *National Defense Strategy*, em inglês)[5] aprovada em 2018, o presidente Trump "acelerou a tendência de abandonar o terrorismo como maior desafio a ser enfrentado pelos EUA e aprofundou o chamado *Pivot to Asia,* que já havia sido anunciado em 2012 por Barack Obama" (Cortinhas; Reis, 2023). Desse modo, identifica-se que os principais documentos de estratégia e defesa dos Estados Unidos apontaram para essas transformações na agenda de segurança internacional.

Diante do exposto, o presente trabalho tem como pergunta de partida: como foi possível securitizar as relações comerciais com a China durante o governo de Donald Trump (2017-2021) e quais são os impactos dessa securitização? Desse modo, à luz da problemática aqui exposta, assume-se como hipótese inicial que, ao longo do governo Trump, houve a utilização de um discurso securitizador que construiu um discurso sobre a China como potência contestadora à segurança norte-americana e, consequentemente, à segurança internacional.

Em vista disso, o objetivo geral é compreender como foi possível securitizar relações comerciais entre uma potência hegemônica em declínio e uma potência em ascensão. Com isso, buscaremos entender como a narrativa de securitização foi construída, consolidada e reproduzida no debate político, especialmente por meio dos documentos de segurança nacional no recorte temporal entre 2017 e 2021, a fim de averiguar o governo Trump.

De forma a alcançar o objetivo geral proposto, propomos quatros objetivos específicos. O primeiro objetivo específico é com-

---

[5] National Defense Strategy é um documento complementar à NSS, já que busca determinar como a Estratégia será aplicada.

preender como foi possível, durante o governo Trump (2017-2021), ter ocorrido a securitização das relações econômico-comerciais entre China e Estados Unidos. O segundo objetivo específico é mapear o discurso do Trump como um discurso de securitização de relações econômico-comerciais entre Estados Unidos e China. Em seguida, o terceiro objetivo específico é caracterizar os discursos entre o período de 2017 e 2021 a partir de uma coleta de dados empírica. E, por fim, o quarto objetivo específico é identificar os significantes flutuantes, contidos nesses discursos de securitização, que acionaram determinadas narrativas e símbolos junto à sociedade norte-americana que construíram a China como ameaça.

De forma a responder à pergunta de partida, utilizaremos como referencial teórico-conceitual a Escola de Copenhague, a teoria de securitização. Reconhece-se que essa teoria é alvo de críticas, no entanto a razão de sua escolha deriva da sua adequação para compreender o discurso securitizador que aconteceu com a China no governo Trump por meio dos atos discursivos, documentos oficiais e redes sociais.

A metodologia de pesquisa a ser utilizada para o desenvolvimento desta obra consistirá na Teoria de Discurso, em particular o método desenvolvido por Laclau e Mouffe (1985) dos significantes flutuantes. Considera-se que a análise de discurso possibilita enfatizar o papel da linguagem, da interpretação e das subjetividades nos processos sociais de construção da realidade. Portanto, mostrando-se como adequada ao processo de análise que o trabalho propõe realizar a partir do mapeamento dos discursos de Trump entre 2017 e 2021 perante a China.

Desse modo, o primeiro capítulo abordará a relação bilateral entre os Estados Unidos e a China de uma perspectiva histórica. Destaca-se que desde 1949 as relações são constituídas a partir de um padrão de contenção e cooperação. Nesse sentido, o primeiro capítulo terá como objetivo realizar um resgate histórico das relações entre Estados e China, sobretudo a partir do governo Nixon (1969-1974), já que se identifica que a política entre os dois países começou a ser transformada de forma significativa, em particular após a implementação da Diplomacia Triangular proposta por Henry Kissinger. Desse modo, o capítulo tem como objetivo apresentar as transformações nas relações sino-americanas até o governo Trump, o qual realizou significativa mudança, caracterizando a China como uma potência contestadora.

O segundo capítulo tem como objetivo a realização de uma revisão de literatura da Escola de Copenhague e, consequentemente, do conceito de securitização. A apresentação dessa revisão consiste na recapitulação da ampliação da agenda de segurança, bem como da aplicação do ato de fala para análise do discurso securitizador realizado por um ator. Além disso, também serão abordados os limites críticos dessa teoria, relacionando-os com o governo Trump e a construção narrativa ante a China no contexto da pandemia de Covid-19, ao mesmo tempo que será justificada a escolha por essa teoria, apesar do reconhecimento dos seus limites metodológicos. Em seguida, será demonstrado o uso da economia como ferramenta de guerra por meio da exemplificação histórica. E, por fim, serão realizadas considerações metodológicas sobre a amostra do discurso de Trump no Twitter[6] referente à China, com o objetivo de caracterizar o movimento de securitização no recorte temporal aqui proposto.

O terceiro capítulo possui três objetivos. O primeiro consistirá na revisão de literatura da Teoria de Discurso e da Análise de Discurso com o objetivo de compreender a Teoria *per se* à luz dos principais autores a serem destacados. Em seguida, será abordado o modelo da Teoria do Discurso desenvolvida por Laclau e Mouffe (1985) por meio do método do mapeamento de significantes flutuantes. Assim, de forma concisa, refere-se ao resultado de inúmeras práticas articulatórias discursivas que são produzidas por meio das relações sociais em um determinado espaço e tempo social. Por fim, haverá uma seção com a conclusão dos dados analisados com a verificação da hipótese do trabalho ao final da pesquisa, seguido por algumas considerações finais.

---

[6] Atualmente, conhecido como X.

A RELAÇÃO BILATERAL EUA-CHINA: UMA PERSPECTIVA HISTÓRICA PARA COMPREENSÃO DO GOVERNO TRUMP

A construção do arquétipo de poder no sistema internacional tem sido, durante séculos, formada por meio da concepção do equilíbrio de poder entre as Grandes Potências à determinada época. De outro modo, os Estados desde sua formação buscaram a sua sobrevivência por meio da maximização do poder. Sublinha-se ainda que a busca pela hegemonia de um Estado no sistema internacional ocorreu via a maximização do poder relativo, isto é, pela utilização dos recursos militares.

Nesse sentido, observa-se que a dinâmica de poder dentro do ordenamento internacional tem se alterado. Em outras palavras, nos séculos XVIII e XIX se observou a preponderância do Reino Unido como o *Hegemon* no sistema internacional. Concomitante a esse período do século XVIII, os Estados Unidos conquistaram sua independência do Reino Unido em 1776. Nesse contexto, o cenário internacional passou por diferentes modificações, incluindo ascensão e queda de grandes potências.

Aqui, ressalta-se a ideia sobre a Armadilha de Tucídides para pavimentação do caminho que este capítulo se propõe compreender, de como a relação sino-americana se desenvolveu desde a era Richard Nixon-Henry Kissinger (1969-1974) até o governo Donald Trump (2017-2021), este último que é o objeto de estudo no presente trabalho. De forma resumida, a Armadilha de Tucídides concerne na análise de "quando uma potência em ascensão ameaça substituir a potência dominante" (Allison, 2020, p. 7). Assim, o historiador grego examinou como aconteceu a Guerra do Peloponeso entre Atenas e Esparta entre 431 a.C. e 404 a.C. Em vista disso, notou-se que em diferentes momentos da história esse movimento já aconteceu. Para Allison (2020, p. 15),

> Intenções à parte, quando uma potência em ascensão ameaça desbancar a dominante, o estresse estrutural resultante transforma o choque violento em regra, não em exceção. Aconteceu entre Atenas e Esparta no século V a. C., entre a Alemanha e a Grã-Bretanha há um século, e quase levou União Soviética e Estados Unidos às últimas consequências nas décadas de 1950 e 1960.

Desse modo, atenta-se para o conflito entre Estados Unidos e União Soviética após o fim da Segunda Guerra Mundial (1939-1945), dado que este será o ponto de partida para construção deste trabalho de uma perspectiva histórica por meio da Diplomacia Triangular entre Estados Unidos, União Soviética e China que se estabeleceu no governo Nixon-Kissinger. Para Pecequilo (2023), "desde 1945, pensar em Relações Internacionais é pensar os EUA como referencial de ordem internacional, por meio da construção de sua *Pax Americana*". Diante disso, o presente capítulo se dispõe realizar um resgate histórico das relações entre Estados Unidos e China a partir da década de 1960, sob a justificativa de que "a relação entre Estados Unidos e China perpassa por padrões de contenção e cooperação desde 1949" (Mendes, 2021, p. 63). Assim, sendo guiado pela seguinte pergunta de partida: como foi possível securitizar as relações comerciais com a China durante o governo de Donald Trump (2017-2021) e quais são os impactos dessa securitização? As subseções seguintes buscarão realizar uma construção histórica da relação sino-americana. Para isso, concluiu-se como pertinente retornar ao século XIX, de forma breve, com o objetivo de entender como teve início a interação entre as duas nações.

2.1 A imigração chinesa para os EUA no século XIX e a corrida para Oeste

Os Estados Unidos conquistaram sua independência do Reino Unido em 1776 ainda sob a limitação territorial das trezes colônias. Além disso, destaca-se que foi uma nação construída com base na mão de obra de imigrantes que buscaram melhores condições de vida e pela liberdade religiosa. Em consonância a isso, Izecksohn (2021, p. 16) descreveu que

> Durante os séculos XVII e XVIII, correntes de indivíduos e famílias cruzaram o Atlântico em busca de um grau mais elevado de autonomia e pela perspectiva de uma vida melhor. Alguns eram atraídos pela possibilidade de fazer fortuna. Outros enfatizaram a pureza da sua fé, em contraste com a corrupção da Igreja oficial do rei da Inglaterra, a Igreja Anglicana. Outros grupos dissidentes buscavam o direito à liberdade religiosa numa sociedade livre de corrupção e do autoritarismo.

Destaca-se que, à época, o território era formado por treze colônias, ocupando a região denominada de Nova Inglaterra.

Mapa 1 – As 13 colônias britânicas em 1765

Fonte: Izecksohn (2021, p. 20)

Desse modo, nos anos subsequentes teve início a marcha para Oeste, a qual teve como pretensão a expansão territorial, assim como a busca pelo ouro. Nesse contexto, houve a imigração chinesa para os Estados Unidos, este último que precisava de mão de obra barata para implementação dos seus objetivos. Vale destacar que esse subtópico não objetiva realizar um apanhado histórico completo, mas ilustrar o início da interação entre os Estados Unidos e a China.

Diante disso, a questão migratória sempre foi problemática desde a constituição dos Estados Unidos como nação, tendo em diferentes momentos variadas leis contrárias e/ou a favor. Todavia, devido à limitação do recorte tanto temporal quanto de objeto de pesquisa, não será ilustrada de forma expandida essa questão. O importante a ser destacado foi que "a corrida do ouro contribuiu para a imigração, principalmente da China, e também para uma grave migração interna" (Koudela, 2013, p. 450). Por outro lado, a migração chinesa coincide, como veremos, com o século de humilhação chinesa, que teve início em 1839. Esse período concerne à dominação realizada pelo imperialismo tanto japonês quanto ocidental sobre a China, tendo alcançado seu fim em 1949[7].

A problemática sobre o imigrante chinês começou com a percepção de que os imigrantes estavam retirando a oportunidade da população branca. Dessa forma, uma série de medidas foram adotadas pelo governo dos Estados Unidos com o objetivo de conter o avanço dos chineses no país. Aqui, observou-se o primeiro movimento de securitização contra a China, que se repetirá, como veremos mais adiante, durante o governo Trump. Com isso, Koudela (2013, p. 46) sinalizou:

> Mas essa era não foi uma época de integração; a série de atos de exclusão modernos também começou em 1862. O primeiro deles, o *Anti-Coolie Act*, foi aprovado pelo Legislativo da Califórnia para aliviar a crescente pressão no mercado de trabalho e a raiva da população branca pelo aumento da mão de obra chinesa. Para proteger os "trabalhadores brancos" do trabalho chinês mais barato durante a corrida do ouro, foi instituído um imposto mensal especial sobre os imigrantes chineses que buscavam negócios na Califórnia.

Desse modo, identificou-se que a imigração chinesa foi incentivada, concedendo-se inclusive o direito à naturalização dos chine-

---

[7] Em 1949 ocorreu na China a Revolução Chinesa liderada por Mao Tsé-Tung, que proclamou a ascensão do Partido Comunista Chinês ao poder por meio de um processo revolucionário que culminou na República Popular da China.

ses. Entretanto, em reação ao exponencial aumento desse processo na década de 1880, o tratado foi suspenso até 1943 já no governo do ex-presidente Roosevelt (1933-1945). Em vista disso, de forma resumida, Koudela (2013, p. 47) elucidou que

> O Tratado de *Burlingame-Seward* de 1868 entre a China e os EUA, além de muitas declarações amigáveis, concedeu o privilégio da naturalização e, assim, a imigração chinesa para os Estados Unidos foi incentivada. Como resultado do aumento do fluxo de entrada, esse tratado foi suspenso em 1880 e a maior lei de exclusão entrou em vigor em 1882 (*Chinese Exclusion Act*). A lei proibia a imigração chinesa para o país e foi renovada em 1892, tornando-se permanente em 1902, até que a *Lei Magnus* a revogou em 1943.

Com efeito, após sintética apresentação do processo migratório dos chineses para os Estados Unidos no século XIX e elucidação do primeiro processo restritivo sob a nação chinesa, na próxima subseção será ilustrado o governo Nixon, em razão do episódio do retorno da aproximação da relação entre Estados Unidos e China, já que entre o espaçamento de tempo as relações não foram amigáveis, visto que a China se tornou comunista em 1949. Dito isso, em seguida será examinada a política de Nixon para China, considerada como de "engajamento".

2.2 A política externa dos EUA para a China (1950-1970)

"A relação entre Estados Unidos e China perpassa por padrões de contenção e cooperação desde 1949" (Mendes, 2021, p. 63). Sublinha-se aqui a importância do panorama do contexto histórico à época, já que o mesmo auxilia na demonstração de como a relação entre Estados Unidos e a China comunista (ou República Popular da China) alcançou em 1949 seu rompimento. Assim, em primeira instância, frisa-se que a região da Ásia, após o fim da Segunda Guerra Mundial (1939-1945), não sofreu envolvimentos diretos de superpotências na área[8] até as Guerras do Vietnã e da Indochina, por exemplo. No caso dos Estados Unidos, a orientação da política externa esteve direcionada para a Europa e a reconstrução do continente pós-Guerra. Para Pecequilo (2003, p. 170),

> Até 1949/1950, o envolvimento das superpotências era indireto, como se pode notar no caso da China – tanto o apoio norte-americano aos nacionalistas (que depois iriam estabelecer-se em Taiwan) como o soviético a Mao não haviam levado à participação direta das superpotências, que só chegaria com a Guerra da Coreia.

Desse modo, compreende-se que os Estados Unidos, até esse momento, não tiveram uma atuação direta na região da Ásia, o que caracterizou sua política externa e de defesa à época para o continente foi a ameaça do comunismo. Assim, o que marcou o início da atuação territorial na Ásia foi a Guerra da Coreia (1955-1975). Nesse ponto de vista,

> Para os Estados Unidos, a Guerra da Coréia foi extremamente funcional para justificar o aumento de gastos previstos para o setor militar e, em termos de estratégia da contenção, crucial para destacar a relevância da Ásia na disputa global. Ou seja, não só a Europa seria preciso enfrentar os soviéticos e atuar construtivamente para impedir seu avanço, era necessário fazer o mesmo na região do Pací-

---

[8] O não envolvimento direto de superpotência na região aconteceu até os anos 1949/1950, em razão de uma participação indireta nos conflitos à época. De outra forma, desde 1947, do ponto de vista norte-americano, a Europa era o principal teatro estratégico da Guerra Fria, dado que a Ásia não tinha começado seu processo de recuperação. Além disso, à luz do caso da revolução nacionalista chinesa de 1949, por exemplo, tanto os Estados Unidos quanto a ex-União Soviética (superpotências do período da Guerra Fria) não se envolveram diretamente no conflito. Assim, entende-se que os Estados Unidos somente começaram a ter uma presença direta na região com o envio de tropas e de ajuda militar com a Guerra da Coreia (1950-1953). A partir de então, os Estados Unidos iniciaram seu envolvimento direto com ajuda militar na Guerra da Coreia, da Indochina (1946-1954), aos grupos anticomunistas das Filipinas, assim como apoio à China nacionalista, que, posteriormente, tornou-se Taiwan. Não obstante, entende-se, aqui, que o não envolvimento direto caracterizava-se pela não ajuda militar das superpotências aos conflitos na região.

fico e aqui se encontram as razões para investir na recuperação do Japão e na manutenção de bases norte-americanas na área. Nesse momento, além do envolvimento na Coréia, houve a ajuda à França na Indochina, aos grupos anticomunistas nas Filipinas e a garantia de independência da China nacionalista (Taiwan) (Pecequilo, 2003, p. 170).

Consequentemente, detecta-se que a Guerra da Coreia foi um importante evento no que tange à política externa dos Estados Unidos durante a década de 1950 até 1970. Concomitantemente a esse episódio, aconteceu o tensionamento no que concerne à relação sino-americana, dado que a Guerra da Coreia também contribuiu para esse acirramento. Além disso, a lógica da Guerra Fria predominou sob essa dinâmica. Em vista disso, identificou-se que

As relações entre os Estados Unidos e a China têm sido tensas desde que o Partido Comunista de Mao Tsé-tung chegou ao poder em outubro de 1949. A Guerra da Coreia, na qual as tropas americanas morreram nas mãos do Exército de Libertação do Povo Chinês, apenas exacerbou a situação. O mesmo aconteceu com a guerra no Vietnã, onde os americanos pareciam acreditar que suas forças estavam, de fato, lutando contra os chineses por procuração (Warner, 2007, p. 763).

Diante disso, salienta-se a importância da compreensão da dinâmica da alternância de poder interna na China em 1949, para, em seguida, entender como e por que a política externa dos Estados Unidos se sucedeu contrária ao país asiático e, consequentemente, sua modernização, isolando-o do sistema internacional liberal. Assim, em 1949 aconteceu a Revolução Chinesa[9], a qual foi implementada

---

[9] A Revolução de 1949 liderada por Mao Zedong criou a República Popular da China (RPC), que existe até hoje, promoveu uma série de transformações no país. Em 1921, Mao foi um dos fundadores do partido comunista chinês, influenciado pelas ideias da Revolução Russa (1917) e dos seus estudos sobre a realidade camponesa na China. Além disso, Mao foi o responsável pela adaptação do marxismo-leninismo para o contexto chinês por meio do reconhecimento dos camponeses como protagonistas na história da China, assim como parte do processo de superação do Século de Humilhações (1839-1949).

por Mao Zedong e alterou o governo, que passou de nacionalista para comunista a partir da Proclamação da República Popular da China (RPC). Com efeito, Rocha (2020, p. 79) enfatiza que

> Após sucessivas vitórias, os comunistas chineses tornaram-se o governo de fato da China continental. Em 1° de outubro de 1949 é proclamada, em Pequim, a "República Popular da China" (RPC) [...] Enquanto isso, as forças derrotadas do KMT fogem para a ilha de Formosa (Taiwan). Os Estados Unidos decidem não reconhecer o governo comunista e mantêm os laços diplomáticos e políticos com o general Chiang que ainda reclamava ser o único governante legítimo de toda a China continental. Portanto, dois governos clamavam soberania sobre o território chinês, do continente à ilha de formosa, e criou-se a situação das "duas Chinas".

Desse modo, os governos dos Estados Unidos desse período subsequente à mudança da política na China tiveram como objetivo dificultar a modernização chinesa, bem como isolá-la no sistema internacional conjuntamente com a União Soviética, em razão da ideologia comunista predominante. Dessa maneira, "os governos Truman, Eisenhower, Kennedy e Johnson foram marcados pela lógica da Guerra Fria, com a permanência da China como um inimigo (comunista) a ser combatido" (Mendes, 2021, p. 66). Com efeito,

> No período de 1950 a 1968 a política dos Estados Unidos para a China foi uma combinação de contenção e isolamento - uma política de construção de alianças e mobilizações militares que pudessem deter ou defender contra a agressão e a subversão chinesas, juntamente com o isolamento diplomático e econômico da China (Harding, 2015 *apud* Rocha, 2020, p. 87).

Assim, identifica-se que a política para a China no governo Lyndon B. Johnson (1963-1969) deu continuidade à lógica da Guerra

Fria, a qual foi rompida somente no governo de Nixon (1969-1974).
Dessa forma,

> Ao final da administração Johnson a política dos
> Estados Unidos para a China ainda é caracterizada
> por: (i) reconhecimento da República da China
> (ROC) como o governo legítimo da China e um
> dos membros permanentes do Conselho de Segu-
> rança; (ii) embargo comercial completo contra a
> República Popular da China; (iii) banimento de
> quase todas as viagens para a China continental
> (Rocha, 2020, p. 86).

Com o novo governo de Nixon, nos Estados Unidos, essa
política começou a ser transformada em relação à China de forma
significativa. Nesse contexto, Mendes (2021, p. 66) enfatizou que

> A eleição de Nixon em 1969 traz consigo mudanças
> para a relação entre os países. Dois são os processos
> que culminam com a ruptura do padrão de hostilidade:
> a ruptura sino-soviética do final de 1950 e a Guerra do
> Vietnã, a qual consumiu muitos recursos estaduniden-
> ses, gerou profundas divisões internas e deteriorou a
> imagem internacional dos Estados Unidos.

Desse modo, em 1968, Nixon ganhou as eleições norte-americanas pelo partido republicano ainda dentro da lógica da Guerra Fria
anticomunista. Entretanto, foi esse mesmo presidente que iniciou
o processo de reaproximação dos Estados Unidos com a China no
final da década de 1960. Assim, Warner (2007, p. 763) destacou que

> Quando Richard Milhous Nixon foi eleito para
> a presidência dos Estados Unidos em novembro
> de 1968, poucos poderiam prever que, no espaço
> de quatro anos, esse republicano, antigo militante
> anticomunista, que começou sua carreira política
> na era McCarthy, conseguiria algo parecido com a
> reaproximação entre os Estados Unidos e a China,
> que de fato ocorreu.

Destaca-se, dessa forma, que o governo Nixon teve um papel importante em relação à China comunista, já que iniciou o estreitamento de laços a que era hostil até 1960. Assim, "as relações dos EUA com a República Popular da China permaneceram extremamente hostis até julho de 1969, quando o governo Nixon iniciou um processo gradual de melhoria" (Rennack, 1997, p. 2). Ainda assim, apesar da complexidade que Nixon passou em relação a seu caráter para a sociedade estadunidense, e também o seu governo ter sido marcado pela máquina de abuso de poder e chantagens políticas no âmbito doméstico da política, em relação à política externa para a China foi positivamente bem-sucedido. Para Arbage (2021, p. 90),

> Divergências à parte, é preciso reconhecer que foi este mesmo homem motivo de tantas chacotas e vilipendias - quem deu fim à participação americana na guerra do Vietnã e ao alistamento obrigatório, quem iniciou um período de paz com a União Soviética, lançou a détente e iniciou as relações diplomáticas com a "China Vermelha".

Além disso, observa-se que a Guerra da Coreia foi uma peça-chave para a política dos Estados Unidos para a região do continente asiático, dado que restringiu a forma de atuação estadunidense na região, em razão da sua memória. Já Kissinger (2011, p. 146) sinalizou que "a lembrança da intervenção chinesa na Coreia mais tarde restringiria significativamente a estratégia dos EUA no Vietnã".

Por outro lado, "o Vietnã foi escolhido, na época, como terreno ideal para a reafirmação do compromisso dos Estados Unidos nessa disputa, principalmente no Terceiro Mundo, mostrando sua disposição e vontade em ajudar países que desejassem resistir à "atração vermelha' (soviética ou chinesa)" (Pecequilo, 2003, p. 184-185). Apesar da narrativa do período anticomunista, Nixon rompeu com a lógica do isolamento chinês, em razão da reconfiguração do conflito, já que se tornou uma luta contra os soviéticos.

Desse modo, antes da ascensão de Nixon à Casa Branca, a China era tratada à luz da política do isolacionismo e contenção ante seu *status* de Estado comunista. Essa percepção alterou-se com o governo Nixon, conjuntamente com seu assessor de Segurança Nacional, Kissinger. De outra forma, o desenvolvimento da política triangular entre Estados Unidos, China e União Soviética, ao entendimento da política de poder, produziria maior estabilidade ao sistema internacional. Assim, aproximar-se da China, segundo a premissa do modelo conceitual de uma política internacional de poder, especialmente pela percepção de Kissinger, era a forma de gerar a estabilidade no sistema internacional. Com isso, a promoção pela estabilidade dentro do contexto da Guerra Fria pelo governo Nixon foi mais importante do que o combate ao comunismo chinês.

É importante frisar também que, durante a década de 1960, a China ainda era um país em desenvolvimento e com economia fechada. De fato,

> Ao final dos anos 1960, a China era uma sociedade subdesenvolvida e, fora as numerosas forças convencionais, fraca do ponto de vista militar. Isto é, ainda que Pequim fosse adepta de um comunismo ideologicamente mais radical que Moscou, é com ela que Washington buscou uma parceria, pois eram mínimas as ameaças que Pequim oferecia aos interesses globais dos Estados Unidos em comparação à URSS (Rocha, 2020, p. 91).

Nesse sentido, Nixon iniciou o processo de aproximação com a China por meio de trocas secretas entre líderes e assessores dos respectivos países. Dessa forma,

> As conversas particulares entre Nixon e Zhou continuaram entre 21 de abril e 11 de junho de 1971 (n.os 118, 122, 125, 130 e 135) e resultaram na decisão de que Kissinger deveria ir a Pequim de 9 a 11 de julho de 1971 como emissário pessoal de Nixon para preparar o caminho para uma posterior visita presidencial à RPC (Warner, 2007, p 768).

Para Kissinger (2011, p. xv),

> Há quase quarenta anos, o presidente Richard Nixon me deu a honra de me enviar a Pequim para restabelecer o contato com um país fundamental para a história da Ásia, com o qual os Estados Unidos não tiveram nenhum contato de alto nível por mais de vinte anos.

Figura 1 – Visita do Secretário de Estado dos EUA, Henry Kissinger, à China em 1971

Fonte: BBC News (2021)

Com efeito, para o restabelecimento da relativa estabilidade teve início o que ficou conhecido como a Diplomacia Triangular entre Estados Unidos, China e União Soviética. Assim, na próxima subseção será melhor abordado o que foi essa diplomacia, para em seguida explicar seus principais objetivos. Após essa síntese, por conseguinte serão abordados os anos 1980, período considerado a "Era de Ouro" da relação sino-americana.

2.2.1 A Diplomacia Triangular

O novo equilíbrio de poder surgiu com Nixon no comando da Casa Branca, dado que os Estados Unidos se abriram para a possibilidade de um diálogo com Pequim. Fato esse inimaginável para os seus predecessores. Além disso, a Guerra no Vietnã foi um evento catalisador nesse sentido, visto que os Estados Unidos estavam perdendo sua área de influência na Ásia. Para Arbage (2021, p. 100-101),

> De uma só vez, todo o balanço de poder mudou. Abriam-se, assim, as portas para a Diplomacia Triangular: a perda de influência americana na Ásia, devido à guerra no Vietnã, poderia ser compensada por uma diplomacia de duas frentes. Aliando-se simultaneamente a dois países inimigos entre si, os Estados Unidos poderiam contrabalancear sua perda de poder e moldar um novo "equilíbrio global".

Além disso, detectou-se que "a Diplomacia Triangular estava, pois, diretamente relacionada ao conceito da *détente*. Efetivamente, ambas eram indissociáveis uma da outra" (Arbage, 2021, p. 101). Desse modo, o objetivo da Diplomacia Triangular consistiu em três premissas principais, são elas: uma diplomacia pela equidistância; negociação da *détente*, ou seja, de uma melhor saída dos Estados Unidos da Guerra no Vietnã; e exploração da rivalidade entre as duas nações comunistas (União Soviética e China). Isso posto, Rocha (2020, p. 91) sublinhou que "inicialmente, porém, o objetivo chave da 'diplomacia triangular' de Nixon e Kissinger era, por meio da equidistância, explorar a rivalidade entre as duas nações comunistas para pressionar o Vietnã".

Diante disso, a União Soviética se sentiu isolada dentro dessa nova dinâmica de Nixon-Kissinger, visto que seus dois maiores inimigos, naquele momento, se uniram contra ao governo. De fato, foi um período marcado pela distensão e relativa estabilidade ante o cenário da Guerra Fria. Assim, Arbage (2021, p. 110-111) argumentou que

Com a Diplomacia Triangular começou um período de distensão e relativa estabilidade. Este novo período, os tempos da *détente*, teve impactos por todo o mundo. Evidentemente, o choque provocado pela visita de Nixon a Pequim também foi sentido na capital dos czares; provavelmente, mais forte que em qualquer outro lugar. Com a aproximação EUA-China, eles se viram encurralados pela união de seus dois maiores inimigos, um cenário que não permitia outra opção senão buscar uma aproximação com Washington, de forma a diminuir a tensão entre os países.

Com efeito,

No que se trata de China e União Soviética – e, em menor medida, Vietnã –, pode-se dizer que a diplomacia Kissinger-Nixon atingiu os objetivos de suas premissas. O sucesso se refletiu na eleição presidencial de novembro de 1972, na qual Richard Nixon foi reeleito com a mais esmagadora vitória na história americana, tendo vencido em 49 de 50 estados, com uma margem de voto popular de 18 milhões de eleitores.

De fato, observar a relação sino-americana perpassa pela análise do governo Nixon e suas significativas mudanças na ordem internacional por meio da diplomacia triangular. Diante disso, recapitula-se a construção desse momento de restabelecimento das relações entre Estados Unidos e China. Desse modo,

Com relativa rapidez, Estados Unidos e China retomaram suas relações diplomáticas – em 1969, as conversações foram reiniciadas; em 1971, a República Popular da China (RPC) passou a fazer parte da ONU no lugar de Taiwan; em 1972, Nixon visitou a China e foi lançado o Comunicado de Xangai, seguido por outro mais complexo em 1973, finalizando, em 1979, houve o reconhecimento da RPC e desde então os Estados Unidos perseguem a "política de uma só China" (apesar de não deixarem de apoiar Taiwan, é com a China, com a Grande China, que se desenvolveram as relações diplomáticas formais). Jogar a *China Card* foi fundamental para que os Estados Unidos pudessem promover uma alteração real no equilíbrio de poder internacional que se percebia pendendo para a União Soviética (Pecequilo, 2003, p. 194).

Figura 2 – Visita do ex-presidente Richard Nixon à China em 1972

Fonte: McGregor (2022)

Dessa maneira, atentou-se que

O processo de normalização teve início em 1971, quando as restrições comerciais e de viagem foram reduzidas. As relações diplomáticas plenas foram estabelecidas em 1979, e um acordo comercial foi firmado no mesmo ano. A década seguinte foi de crescente, porém cautelosa, cooperação e comércio (Rennack, 1997).

Por fim, frisa-se que foi no contexto Nixon a "primeira vez em que um documento oficial americano conferia ao país esse grau de reconhecimento – e afirmava que os Estados Unidos estavam 'preparados para estabelecer um diálogo com Pequim', com base no interesse nacional" (Kissinger, 2015, p. 296). Com isso, após revisão da retomada das relações na década de 1960 e 1970 entre Estados Unidos e China, em seguida serão abordadas as décadas subsequentes.

2.3 A política externa dos EUA para a China (1980-2001)

Os governos subsequentes que chegaram à Casa Branca não descontinuaram a política de Nixon. No entanto, não a colocaram no centro do poder estratégico dos Estados Unidos, o que não a desclassifica em sua importância relativa. Assim, Mendes (2021, p. 67) sinalizou que "em 1976, Jimmy Carter foi eleito presidente, afirmando defender o Comunicado de Xangai[10] e o restabelecimento das relações diplomáticas com a China". Desse modo, notou-se que há uma continuidade em relação à política com a China nos governos. Com efeito, a década de 1980 sob o governo de Ronald Reagan (1981-1989) foi de grande relevância para um maior engajamento nas relações sino-americanas no âmbito comercial.

Em vista disso, a década de 1980 foi considerada o "período de ouro" das relações sino-americanas devido aos avanços econômicos e à renovação da China como nação mais favorecida. Não por engano, "a comparação da política comercial com a década de 1980 é inevitável" (Mendonça; Thomaz; Lima; Vigerani, 2019, p. 111). Dado que "uma nova concepção de política comercial" (Mendonça; Thomaz; Lima; Vigerani, 2019, p. 111) passou a vigorar. Essa política foi caracterizada pela aplicação de medidas unilaterais pelos Estados Unidos contra seus adversários econômicos. Além disso, reconhecem-se os acontecimen-

---

[10] Em 21 de fevereiro de 1972, o presidente Nixon visitou a China. Com efeito, em 27 de fevereiro do mesmo ano, foi assinado o que ficou conhecido como Comunicado de Xangai. Esse foi um documento produzido para o estabelecimento das bases das relações diplomáticas entre os Estados Unidos e a China. Além disso, nesse documento foi estabelecido os diferentes posicionamentos políticos de ambas as partes envolvidas. Para Arbage (2021, p. 109), "foi o primeiro de três comunicados que levaram à uma relação que se aproxima de sua quinta década".

tos da década como fatores-chave para construção da percepção da economia como uma importante variável para a segurança nacional estadunidense. Assim, Mendonça (2011, p. 117) ressalta:

> Aquela década presenciou um novo posicionamento norte-americano com relação à economia internacional. Paradoxalmente, com a vitória de Reagan nas eleições de 1981, os Estados Unidos assumiram, embora não de forma imediata, uma postura mais rígida no que diz respeito à política comercial.

Ainda que a maior ênfase na relação seja no presente século, é fundamental frisar que as relações diplomáticas entre as duas nações tiveram como marco o ano de 1979, quando foi assinado um acordo comercial. Além disso, a década de 1980 em diante mostrou-se importante para a observância da relação sino-americana sob perspectiva econômica. Para Pontes (2021, p. 139),

> Os anos 1980 são considerados como a "era de ouro" das relações sino-americanas, com encontros de alto nível, avanços econômicos, renovação anual do status de nação mais favorecida para a China e transferência de armas e tecnologias dos EUA para a RPC.

Já para Skonieczny (2021, p. 244), "em 1979, os Estados Unidos e a China estabeleceram relações diplomáticas e assinaram um acordo comercial bilateral que levou a uma expansão do comércio entre os dois países de US$ 4 bilhões naquele ano para mais de US$ 600 bilhões em 2017". Assim, as relações Estados Unidos-China foram marcadas por movimentos ambíguos, porém sem confronto direto, em razão da desconfiança entre Estados Unidos e China no contexto da Guerra Fria.

Por outra perspectiva, durante a campanha eleitoral, Reagan ameaçou reatar os laços com o governo de Taiwan e George H. W. Bush, seu vice à época, foi enviado para Pequim para mediar as negociações. Nesse sentido, Cohen (2020, p. 232) salientou que, "quando, na campanha eleitoral de 1980, Reagan se recusou a endossar o

Comunicado de Xangai e ameaçou restabelecer relações oficiais com Taiwan, foi George Bush quem viajou para Pequim em uma tentativa de acalmar seu amigo Deng Xiaoping". Dessa forma, o governo Reagan não foi tão amistoso como normalmente é apresentado. Ao mesmo tempo que a política comercial ganhou impulso, "em 1987, o governo Reagan, incapaz de envolver os chineses em discussões sobre essas atividades, anunciou restrições às exportações de alta tecnologia para a China (Cohen, 2020, p. 233).

Desse modo, verifica-se que a relação foi abalada ao final da década de 1980, por efeito do episódio da Praça da Paz Celestial (1989)[11], já sob o governo de George H. W. Bush (1989-1993). A partir desse momento, o Congresso norte-americano, conjuntamente com a opinião pública, foi contrário à construção de uma relação amistosa. Assim, verifica-se que a referida década foi marcada pelo tensionamento tanto do ponto de vista das políticas de segurança quanto das políticas comerciais. Como medida reativa ao evento, o governo Bush suspendeu a viagem a Pequim, assim como a venda de armas. Na visão de Cohen (2020, p. 239-240),

> Na manhã de 4 de junho, enquanto as tropas disparavam contra seu próprio povo e as forças de segurança começaram a prender os líderes estudantis e seus simpatizantes, Fang Lizhi e sua esposa se refugiaram na embaixada americana. Em Washington, o presidente Bush suspendeu a venda de armas para a China e interrompeu os contatos com o PLA. No entanto, os Estados Unidos exigiram uma ação mais forte para punir os *"Butchers of Beijing"*. O governo cancelou uma série de visitas de alto nível. Sob pressão do Congresso, o presidente ordenou providências para estender os vistos dos estudantes chineses nos Estados Unidos. Ele anunciou que seu governo trabalharia para adiar os pedidos chineses de empréstimos de instituições financeiras internacionais. Declara-

---

[11] O episódio da Praça da Paz Celestial aconteceu no dia 3 de junho de 1989. Nesse dia, em Pequim, o Exército de Libertação Popular avançou para a praça onde estavam concentrados manifestantes pró-democracia, e utilizou da brutalidade para reprimi-los, gerando inúmeras mortes.

ções do Congresso de membros de todo o espectro político denunciaram o governo chinês e muitos legisladores pediram medidas ainda mais severas.

Em continuidade, um novo governo democrata surgiu na Casa Branca perante o cenário de tensão com a China. Uma vez eleito, Clinton, que teve como slogan eleitoral *It's the economy, stupid!*, foi o responsável pelo aumento da relação comercial entre os dois países. Aqui, vale sublinhar que o slogan utilizado pelo governo Clinton teve como raiz a recessão econômica que assolava os Estados Unidos, ao mesmo tempo que o país adentrou na Guerra do Golfo (1991). Portanto, sob essa justificativa, o candidato à época percebeu que a economia preocupava mais aos eleitores norte-americanos do que questões relacionadas à guerra. Diante disso, Clinton lançou o conhecido *slogan* como um método de campanha e alcançou sucesso.

Desse modo, no aspecto comercial e de tentativa de aproximação da China com o sistema financeiro liberal, o governo Bill Clinton (1993-2001) foi o contribuinte para conclusão do processo de integração da China ao sistema internacional, já que prosseguiu com o procedimento das negociações que culminaram na entrada formal da China na Organização Mundial do Comércio (OMC) em 2001. Além disso, a década de 1990 marcou o início da ordem internacional pós-Guerra Fria, a qual, pela primeira vez, notou a China como um poderio econômico em ascensão.

Para Pontes (2021, p. 139), "a década de 1990 foi marcada pelo aprofundamento das relações comerciais e, pela primeira vez desde a retomada das relações com os EUA, a China era percebida como um poder econômico global no pós-Guerra Fria". Com isso, o governo Clinton começou o processo de aprofundamento das relações comerciais chinesas no sistema internacional. De outro modo, diante da percepção da ascensão econômica, os Estados Unidos optaram por negociar via o aspecto comercial para trazê-la para o "jogo ocidental" no tabuleiro da política internacional. Assim, identificou-se que o governo colocava a relação comercial com a China como um elemento essencial para a promoção da democracia pelo mundo.

É importante destacar o período do Clinton, em que a relação comercial com a China foi essencial para promoção da democracia. Nesse contexto, Skonieczny (2021, p. 244) sublinha:

> Em 1992, durante o calor do debate sobre o livre comércio com a China, na esteira da Praça Tiananmen, o candidato presidencial Bill Clinton criticou o então presidente George H. W. Bush por escolher o comércio em detrimento dos direitos humanos. Mas depois de sua eleição, o presidente Clinton se candidatou solidamente por envolver economicamente a China com a crença de que o comércio levaria à democracia.

Assim, o aumento da relação bilateral nesse período tornou a China um importante parceiro comercial dos Estados Unidos a partir dos anos 1990. Desde então, houve um aumento nas importações de produtos chineses e um crescimento relativo em relação à exportação de bens. Nesse sentido, o *World Economic Forum* destacou que a economia e a interdependência entre Estados Unidos e China cresceu ao longo das últimas três décadas.

Figura 3 – O crescimento da relação comercial EUA-China nas últimas três décadas

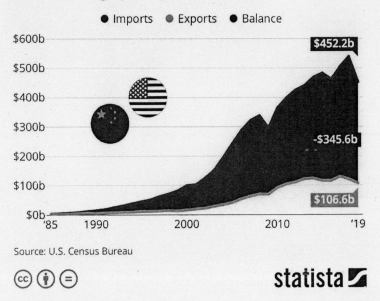

Fonte: Myers (2019)

Desse modo, constata-se que a década de 1990 mudou o mundo após o fim da Guerra Fria, dado que se conferiu que a interdependência entre as duas nações cresceu exponencialmente.

Desde então, a China passou a ser convidada a se incorporar de forma ativa ao sistema internacional financeiro, a exemplo da adesão ao Banco Mundial, à Organização Mundial do Comércio, e aos BRICS (Brasil, Rússia, Índia, China e África do Sul). Houve também a proposta chinesa de criação de uma instituição: o Banco Asiático de Investimento em Infraestrutura (AIIB), o qual incorporou nações ocidentais, como o Reino Unido, marcando o processo de inserção chinês no contexto econômico ocidental.

Entre as motivações para esse processo, encontra-se a justificativa de expansão da economia norte-americana e o meio de conter a China dentro do ordenamento internacional. Cohen (2020), por exemplo, afirma que, logo após a chegada de Bill Clinton à Casa Branca, a prioridade da política externa teve como alvo uma demanda doméstica: a economia norte-americana. Dessa forma, Cohen (2020, p. 263) salienta que:

> As sanções foram logo suspensas, o capital fluiu para a China e até mesmo a administração Clinton deixou de lado suas preocupações com os *Butchers of Beijing* a fim de dar prioridade à expansão da economia americana através do aumento do comércio com a República Popular da China.

Além disso, enfatizou-se a retórica de que o fomento de uma economia forte tem gerado uma classe média forte, o que pavimentou o caminho para reformas democráticas. Nesse cenário, Cohen (2020, p. 263) argumenta que:

> Para justificar a inversão da política, os porta-vozes de Clinton juntaram-se aos de corporações como a Boeing e a AIG para repetir o mantra de que o crescimento econômico na China levaria a uma classe média cheia de poder dentro do país que exigiria reformas democráticas.

Diante disso, a China alcançou uma posição de *constructive engagement* no âmbito bilateral. Em outros termos, "no início dos anos 2000, o presidente norte-americano assinou o *US-China Relations Act of 2000*, a partir do qual as relações comerciais com a China foram mais uma vez normalizadas" (Magnotta, 2019, p. 47). Com isso, a assinatura desse acordo durante o governo Clinton teve como objetivo a autorização da expansão do tratamento não discriminatório à China (H.R. 444 (106th), 2000). Em outras palavras, a normalização das relações comerciais teve como base o tratamento normal das relações bilaterais sino-americanas. Assim, a década de 1990 normalizou as relações bilaterais.

Destaca-se, nesse âmbito, o convite dos Estados Unidos à China para ingressar na OMC, um importante marco tanto na relação sino-americana quanto para a ordem internacional.

Para Pontes (2021, p. 139):

> A administração Bill Clinton: integrar a China no sistema internacional era essencial para que ela "jogasse as regras do jogo". É nesse contexto em que se dão as negociações para a entrada da China na Organização Mundial do Comércio (OMC), nos anos 1990, e a concessão do status de relações comerciais normais permanentes entre EUA e China, em setembro de 2000, até sua entrada formal na OMC, em 2001.

Em seguida, foi eleito presidente George W. Bush (2001-2009), conforme será melhor apresentado na próxima subseção.

2.4 A política externa dos EUA para a China (2001-2017)

Em seguida, foi eleito presidente George W. Bush (2001-2009). Sua retórica durante a campanha a respeito da China foi crítica, sugerindo que continuaria com a política com a China de seu pai, George H. W. Bush (1989-1993). Nesse sentido, Cohen (2020, p. 266) sublinha:

> A chegada de George W. Bush à Casa Branca de 2001 levou ao segundo teste. Apesar de sua retórica crítica à China durante a campanha, foi amplamente assumido tanto no país quanto no exterior que Bush continuaria a política indulgente de seu pai em relação à República Popular da China.

A política externa do governo Bush teve como premissa a manutenção do poderio norte-americano como única superpotência. Diante disso, lançou uma política direcionada para a Ásia, já sinalizando que um desafio norte-americano na região seria a contenção do crescimento chinês, que poderia ocasionar possíveis conflitos no futuro. Pontes (2021, p. 140) frisa que:

> Um dos pilares dessa nova estratégia era a chamada nova política para a Ásia, baseada nas percepções de que aquela era uma região de prováveis conflitos nos próximos anos e de que era necessário lidar com a China, o novo desafio econômico e estratégico dos EUA (Leite, 2005, p. 92). Assim, a administração Bush passou a perseguir uma estrutura de segurança regional na Ásia, cuja ideia principal era conter a China, de forma a impedir que ela se tornasse uma potência regional dominante.

Assim, houve um esforço de aumentar o diálogo na relação bilateral entre Estados Unidos e China, visando discutir a política cambial chinesa e questões comerciais e econômicas. Diante dessa demanda, em 2006, foi lançado o *China-U.S. Strategic Economic Dialogue (SED)*, este que pavimentou o caminho para abertura do diálogo entre os dois presidentes. Para mais, durante o governo Bush ações para construção de uma cooperação foram lançadas, em destaque "a substituição do termo 'competidor estratégico' por 'parceiro estratégico' na Estratégia de Segurança Nacional (NSS) de 2002" (Pontes, 2021, p. 140). Por outro lado, após os ataques de 11 de setembro, o governo chinês foi um dos primeiros a contactar o governo norte-americano, apoiando o que posteriormente se denominou como Guerra ao Terror.

Durante décadas os Estados Unidos tiveram sua política externa orientada para a Guerra ao Terror, ao mesmo tempo que o poderio econômico, tecnológico e militar chinês se expandiu globalmente. Quando Barack Obama (2009-2017) ascendeu à presidência norte-americana, a estratégia de contenção chinesa não poderia mais ser considerada como uma opção, e sim como um meio eficaz para manutenção do poderio norte-americano, em especial porque a política de Guerra ao Terror enfraqueceu os Estados Unidos economicamente.

Nesse cenário, Pontes (2021, p. 142) salienta que:

> A estratégia de contenção não era uma opção: a RPC estava efetivamente integrada à economia global, um movimento apoiado pelos EUA, desde a administração Nixon; e uma política de acomodação face a uma China mais assertiva também não seria prudente, especialmente para os aliados estadunidenses na região.

Assim, o governo Obama lançou a política chamada de "Pivô para a Ásia", a qual resgata alguns pressupostos desenhados por Bill Clinton. Dessa forma, a seguir serão melhor demonstradas as premissas dessa política e seus objetivos.

2.4.1 A política do Pivô Asiático

A política denominada Pivô para a Ásia resgatou premissas do governo Bill Clinton, tais como: fortalecimento das alianças de segurança bilaterais; engajamento em instituições regionais multilaterais; expansão do comércio e investimento; ampla presença militar; e promoção da democracia e dos direitos humanos (Pontes, 2021, p. 143).

Além disso, destaca-se que essa política estratégica voltada para a Ásia teve como base a percepção de que a região estava propícia a ter novos conflitos nos próximos anos, e que o crescimento chinês mostrou para os Estados Unidos a necessidade de lidar com a China. Desse modo, foi uma proposta de estrutura de segurança para a Ásia com objetivo de conter que a China se tornasse uma potência regional dominante. O projeto implementado durante o governo Obama, do ponto de vista norte-americano, era positivo para manutenção do seu poderio e presença na região Indo-Pacífico. Essa região foi, durante as décadas da Guerra ao Terror, negligenciada pela ótica da defesa dos Estados Unidos.

Além disso, a política direcionada para Ásia-Pacífico foi considerada "a transição geopolítica das estratégias dos EUA pós-11 de setembro para um futuro pacífico" (Pontes, 2021, p. 143). De outra forma, a política de Pivô para a Ásia deixou claro que seu objetivo era conter a China como a implicação direta da sua implementação. Em consonância ao exposto, Pecequilo (2013, p. 120) reforça que "o projeto do restabelecimento dos Estados Unidos como o Pivô Asiático confronta diretamente a posição chinesa e tem como objetivo a sua contenção". Com isso, identificou-se que foi um projeto de segurança já pensado em governos anteriores ao de Trump, em razão do desafio econômico e político que a China já sinalizava para as estruturas de segurança norte-americanas.

A política "tem o potencial de criar uma situação de estrangulamento chinês político-militar e econômico" (Pecequilo, 2013, p. 120). Desse modo, o governo Obama já identificava as transformações geopolíticas do período perante a ascensão chinesa. Com isso, os Estados Unidos utilizaram-se da estratégia do Pivô Asiático para o realinhamento da sua política externa para a região do Pacífico. Para Pecequilo (2013, p. 78),

> A estratégia do Pivô Asiático foi lançada pelo QDR 2010[12], em resposta às transformações geopolíticas da primeira década do século XXI. A mesma prevê o realinhamento das forças militares norte-americanas na região do Pacífico, incluindo o reposicionamento das bases no Japão e países vizinhos como a Austrália e a Indonésia.

Dessa maneira, identifica-se que a situação de estrangulamento foi criada com o objetivo de "aumentar e tornar mais efetiva a projeção de poder dos Estados Unidos diante do avanço chinês" (Pecequilo, 2013, p. 78). Assim, o projeto teve como objetivo operar por meio do aprofundamento das relações diplomáticas e do estreitamento de parcerias econômicas na região com o objetivo de

---

[12] Refere-se ao *Quadrennial Defense Review*. Nesse documento, o governo Obama apresentou sua grande estratégia conjuntamente com sua Estratégia de Segurança Nacional (NSS, em inglês) em 2010. Ressalta-se que nesse documento o terrorismo apresentava-se, ainda, como ameaça. Além disso, alterou-se a percepção da NSS do governo Bush, promovendo maior cooperação por meio das parcerias como nova ferramenta para a política externa norte-americana.

conter a possibilidade da criação de um novo equilíbrio de poder regional. Desse modo, a revitalização da economia japonesa foi um dos pontos-chave para a promoção das parcerias econômicas. Com isso, Pecequilo (2013, p. 78) enfatiza que

> O elemento militar é parte de uma estratégia integrada que envolve, além da segurança, o alargamento dos laços diplomáticos com a região, o aprofundamento de parcerias econômicas, o fortalecimento das democracias locais e o alargamento de organismos multilaterais existentes. Em termos inovadores, é lançada a proposta *Transpacific Parternship* (TPP)[13].

Dessa forma, constata-se que a promoção do estrangulamento político-militar e econômico chinês teve como efeito a criação de uma rede econômica de aprofundamento da relação entre os Estados Unidos e os países da região Indo-Pacífico e da Oceania. Em síntese, essa relação utilizou-se do aspecto militar para a expansão das relações diplomáticas e econômicas na região.

Assim, identifica-se que a política para Ásia-Pacífico que o governo Obama lançou pode ser considerada também o pivô para o início do acirramento da disputa pela hegemonia na ordem internacional, já que os Estados Unidos tentaram sufocar a economia chinesa, seu principal elemento geopolítico do século XXI. De outro modo, constata-se que há um significativo reconhecimento de que a rivalidade entre Estados Unidos e China estava aumentando. Porém, somente a partir do governo Trump que a competição se tornou reconhecida e colocada em prática através dos discursos e documentos de segurança.

---

[13] É um acordo de livre comércio estabelecido pelos Estados Unidos e doze países no entorno do Oceano Pacífico. O acordo foi promulgado em 5 de outubro de 2015.

Figura 4 – Encontro do ex-presidente Obama com o presidente chinês, Xi Jinping

Fonte: Bader (2016)

Em vista disso, na próxima subseção será abordado o governo Trump, este que é objeto de estudo do presente trabalho. Ademais, serão evidenciadas as principais mudanças que aconteceram nos documentos de segurança nacional no governo Trump, que passou a caracterizar a China como potência contestadora.

2.5 A política externa dos EUA para a China no governo Trump (2017-2021): a construção da narrativa de uma potência contestadora

Seria um equívoco entender que a guerra comercial entre Estados Unidos e China teve início somente a partir do governo Trump, já que, como mencionado anteriormente, alguns governos que ascenderam à Casa Branca eram críticos à China. Entretanto, eles buscaram meios mais diplomáticos e construtivos para lidar com ela no cenário internacional. Vale salientar que "o déficit comercial com a China crescia e, nesse contexto, certos segmentos nacionais estadunidenses, com destaque para a agricultura e para a indústria, passaram a vocalizar mais as suas demandas, na busca por proteção de seus segmentos" (Pontes, 2021, p. 143). Desse modo, apesar de críticos, os governos norte-americanos anteriores a Trump colocaram a China como uma adversária econômica. Porém, nunca de forma enfática e declarada como uma inimiga a ser derrotada.

Desse modo, o governo Trump modificou a visão de um adversário econômico a partir de sua candidatura ao investir na retórica da China como inimiga dos Estados Unidos. Aqui, é válido frisar que o argumento do Trump para construção da China como inimiga decorre da retórica do *Make America Great Again,* isto é, de tornar a América grande novamente. Em outras palavras, o discurso de Trump enfatizou que os Estados Unidos eram a melhor alternativa ante a China. Além disso, outro ponto essencial na avaliação do seu discurso em oposição ao governo Obama em relação à China consistiu no método de negociação. Assim, segundo Trump, ele era a melhor escolha, em razão da sua experiência empresarial em lidar com os chineses.

Nesse sentido, Trump seria a melhor opção para trabalhar com a China na busca pela construção de uma América grande novamente. Assim, entendemos que o processo de securitização das relações comerciais com a China teve início após sua eleição. Esse processo foi construído a partir do estremecimento das relações comerciais entre Estados Unidos e China que foram conduzidas desde a década de 1990, dado que houve, no governo Trump, o acirramento da competição entre ambos os países na área comercial. De outra forma, a China era tratada dentro do tabuleiro geopolítico com o objetivo de contenção no sistema internacional de forma "pacífica", na medida que os governos anteriores não a indicavam como ameaça à segurança norte-americana.

Ao contrário dos governos anteriores que optaram por lidar com a China dentro de uma política conhecida como de contenção e aproximação para dentro do sistema internacional, Trump rompeu com essa tradição, portanto iniciando o tratamento da China como uma inimiga a ser combatida. Assim, constata-se que o governo Trump securitizou as relações com a China através da agenda econômica. Percebe-se que o governo Trump iniciou o processo de securitização das relações econômicas sino-americanas rompendo a visão que predominou desde o governo Clinton.

Vale destacar também que, antes da sua eleição em 2016, Trump já criticava a forma como Obama lidava com a China, reforçando a ideia sobre a necessidade de uma ação mais dura com os chineses. Ante essa percepção de ameaça melhor engajada durante o governo Trump, Skonieczny (2021, p. 243) corrobora esse argumento ao dizer que desde a candidatura à presidência, ele foi mais assertivo em relação a retórica contra os chineses:

> Muito antes de se tornar presidente, Donald Trump queria que os Estados Unidos fossem mais duros com a China. Ele criticava regularmente a política econômica americana em relação à China e se gabava de que, se estivesse no comando, ele saberia como lidar com a China, pois ele tinha lidado com os chineses durante toda a sua vida.

Desse modo, como medida inicial contra a China, Trump nomeou Peter Navarro como chefe do Conselho de Comércio Nacional da Casa Branca (em inglês, *White House Council on National Trade*). Para Skonieczny (2021, p. 250),

> Primeiro, Trump nomeou Peter Navarro, um falcão chinês e professor de economia, para chefiar o recém-criado Conselho de Comércio Nacional da Casa Branca, cuja missão "coloca a manufatura e os trabalhadores americanos em primeiro lugar e pensar estrategicamente sobre a saúde da base industrial de defesa dos Estados Unidos e o papel do comércio e da manufatura na segurança nacional.

Com efeito, "desde da posse, Trump modificou os rumos da política bilateral, ao aumentar a pressão via tarifas e retóricas de guerra comercial, e agora, com o início de uma pandemia sem precedentes, o cenário foi montado" (Pew Research Center, 2020). Assim, a primeira medida do governo Trump em relação à China foi a taxação sobre as exportações de aço. Segundo Skonieczny (2021, p. 251),

Em abril de 2017, Trump instruiu o secretário de Comércio, Wilber Ross, a abrir uma investigação sobre o impacto do comércio "injusto" na segurança nacional dos EUA, de acordo com a Seção 232 da Lei de Expansão do Comércio de 1962. A principal preocupação era o aço e, embora não declarado, ficou claro que o alvo da investigação eram as exportações de aço da China.

Além disso, Trump começou um processo de responsabilização (*blaming*) da China pelos fatores econômicos que estavam afetando a taxa de desemprego interno dos Estados Unidos. De acordo com o *Bureau of Labor Statistics*, foi a maior queda no número de empregos desde a crise de 2008. Assim, "em março (2020), a economia perdeu 701.000 empregos, de acordo com o *Bureau of Labor Statistics*. Foi a primeira vez que a economia perdeu empregos em um mês desde setembro de 2010" (Tappe; Kurtiz, 2020).

Em complemento, "a taxa de desemprego subiu para 4,4%, a partir de um mínimo de quase 50 anos de 3,5%. Foi a maior taxa de desemprego desde agosto de 2017 e a maior mudança de um mês na taxa de desemprego desde janeiro de 1975" (Tappe; Kurtiz, 2020). Desse modo, verificou-se que os desafios econômicos ante os dados apresentados foram os fatores-chave que o governo Trump conseguiu mobilizar para desenvolver sua retórica de forma mais enfática e assertiva contra a China.

Ainda, na Estratégia de Segurança Nacional de 2017, a China é caracterizada como "poder revisionista", que ameaçava o ambiente estratégico global, em especial da estratégia Trump do *America First*. Essa estratégia permeou todo o mandato do governo, em que o conceito de *America First* esteve associado à ideia do nacionalismo norte-americano como prioridade na condução da sua política externa, principalmente perante a China. Entretanto, observou-se que na Estratégia de Segurança Nacional (2017) as diretrizes apontaram para uma disfunção no *establishment* que conduziu a política externa norte-americana desde 1945 de um internacionalismo ativo. Assim, o governo Trump teria optado pelo nacionalismo em sua doutrina de *America First*.

Ademais, sublinha-se que desde a retomada nas relações sino-americanas houve um fluxo de visitas quase frequentes à China, entre a presença do presidente, do Secretário de Estado e/ou de Defesa. No entanto, após a eleição de Trump, detectou-se que o presidente não realizou nenhuma visita ao país, deixando esse papel para o Secretário de Estado, Mike Pompeo. Rocha (2020) descreveu como o processo de engajamento por meio de visitas a China foi realizado desde 1971 após a era Nixon (Gráfico 1).

Gráfico 1 – Viagens à China realizadas pelas autoridades dos EUA nos últimos 46 anos

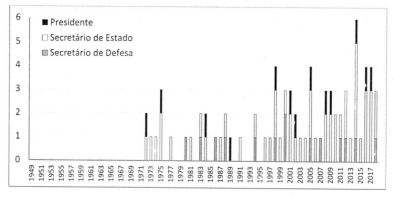

Fonte: Rocha (2020, p. 94)

Desse modo, constata-se que houve um menor engajamento com a China ao longo dos últimos anos se comparado ao final da década de 1960.

Ademais, também é importante compreender o consenso partidário entre os democratas e republicanos em relação à China. Segundo Pontes (2021, p. 132), "defende-se a tese de que há, tanto no governo Obama quanto Trump, o fortalecimento da visão e do apoio bipartidário às medidas mais duras para com a China, com mudanças de meios, mas não de fins, sob Trump". Para além da construção de um consenso bipartidário domesticamente, identificou-se que as aspirações contrárias contra a China, de forma mais ofensiva, não são originárias de um líder político como Trump, conforme ilustrado antes. Desse modo, "as decisões atuais da política para a China, entendidas como mais assertivas, não são a mera expressão das ambições de um líder, mas, sim, esforços na busca pela manutenção do poderio estadunidense no sistema internacional" (Pontes, 2021, p. 133).

Diante do exposto, neste capítulo foi apresentado como as relações entre Estados Unidos e China foram conduzidas desde o governo Nixon, já que foi este o responsável pela retomada das relações sino-americanas ainda durante o período da Guerra Fria. Para mais, percebeu-se que durante muitas décadas a política externa dos Estados Unidos para a China foi construída com base no engajamento e na aproximação para o sistema internacional liberal.

No entanto, essa política foi rompida durante o governo Trump de forma explícita, dado que durante o seu governo a China foi securitizada de forma a contestar seu posicionamento no sistema internacional. Dito isso, no próximo capítulo será abordado o referencial teórico-conceitual da Escola de Copenhague, com ênfase no conceito da securitização. Além da revisão de literatura necessária, também serão tratados os limites críticos dessa teoria, e como a economia tem sido utilizada como ferramenta de guerra dentro do âmbito da concepção de segurança econômica.

3

O PROCESSO DE SECURITIZAÇÃO DA AGENDA ECONÔMICA

O presente capítulo se concentrará na realização de uma revisão de literatura do conceito de securitização que está inserido na Escola de Copenhague. Por conseguinte, serão abordados os limites críticos dessa teoria. A partir dessa contextualização e da compreensão da dimensão econômica de segurança, será demonstrado o uso da economia como ferramenta de guerra por meio de exemplos históricos. Por fim, serão realizadas considerações metodológicas sobre a amostra dos discursos para a China no governo Trump com o objetivo de caracterizar o movimento de securitização identificado durante esse período. Desse modo, a próxima subseção se destina à revisão de literatura.

3.1 Revisão de literatura: o conceito de securitização

A perspectiva pós-positivista que predominou no campo após a década de 1990, na qual está inserida a Escola de Copenhague, foi desenvolvida por Barry Buzan, Ole Waever e Jaap de Wilde (1998). Essa perspectiva apresentou novas epistemologias e ontologias ante as visões mais tradicionalistas. Com efeito, notou-se que a figura discursiva e novos entes não estatais foram inseridos na análise com a finalidade de possibilitar uma compreensão mais abrangente de como as ameaças surgem no sistema internacional.

Desse modo, constata-se que a mudança significativa da visão pós-positivista são as novas orientações ontológicas e epistemológicas que passaram a considerar outras questões para a análise como o tema da identidade. Assim, a proposta desses autores é compreender e estabelecer uma nova estrutura de análise para os estudos de segurança. O estímulo que motivou o desenvolvimento dessa nova estrutura de análise é compreender o mundo pós-Guerra Fria, que se mostrava mais descentralizado e regionalizado. De outra forma, buscou-se entender melhor a teoria dos complexos regionais de segurança, em razão apresentada antes.

Para tanto, como indagação inicial para o desenvolvimento do que culminou depois na Escola de Copenhague, questionou-se se a agenda de segurança poderia ser ampliada e aprofundada para além da perspectiva restrita militar. Desse modo, Buzan, Waever e Wilde (1998, p. VII) propuseram:

> Nossa pergunta era: como poderia a teoria do complexo de segurança ser misturada com a agenda mais ampla dos estudos de segurança, que abrangia não apenas os setores militares e políticos tradicionais, mas também os setores econômico, social e ambiental.

Nesse sentido, faz-se pertinente frisar que, normalmente, associam questões de identidade e percepção da ameaça como uma característica do pós-positivismo. Porém, essa afirmação é errônea, dado que o pensamento positivista já considerava esses aspectos em certa medida. Para Motta (2018, p. 8),

> Importante ressaltar que as abordagens positivistas, de certa forma, já consideravam as questões de identidade e percepção para avaliação da segurança internacional. Entretanto, as abordagens pós-positivistas trazem como contribuição uma mudança ontológica e epistemológica no tratamento dessas mesmas questões.

Assim, o primeiro ponto a ser compreendido neste estudo é o que qualifica e/ou define o termo *segurança*, visto que este se modifica de acordo com a variação do contexto no qual está inserido. Desse modo, na perspectiva político-militar o termo se aplica à sobrevivência do Estado, posto que a centralidade do objeto se concentrava na proteção do Estado e do território. Nesse sentido, Buzan, Waever e Wilde (1998) destacaram que a segurança internacional se encontrava no espectro político-militar.

> A resposta para o que torna algo uma questão de segurança internacional pode ser encontrada no entendimento político-militar tradicional de segurança. Nesse contexto, a segurança é uma questão de sobrevivência. É quando uma questão é apresentada como representando uma ameaça existencial a um objeto de referência designado (tradicionalmente, mas não necessariamente, o Estado, incorporando governo, território e sociedade). A natureza especial das ameaças à segurança justifica o uso de medidas extraordinárias para lidar com elas (Buzan; Waever; Wilde, 1998, p. 21).

Para mais, com a inserção de novos temas pela Escola de Copenhague, o discurso foi introduzido como ferramenta de análise. Com efeito, melhor se caracterizou como as ameaças emergem e dissipam no contexto da segurança. Segundo Motta (2018, p. 9-10),

> Ao abrir espaço para novas agendas, sem deixar de lado algumas perspectivas mais tradicionalistas, a Escola de Copenhague conseguiu inserir novas ontologias e epistemologias em sua análise, como a figura do discurso e os novos entes não estatais no papel de agentes no sistema internacional. Dessa forma, permitiu-se uma melhor compreensão sobre como nascem e morrem as ameaças no campo da segurança internacional. Em resumo, ela ajudou a conferir maior visibilidade a essas novas vertentes, deslocando-se de seu anterior posicionamento teórico marginal.

Desse modo, detecta-se que a prática relacionada com a Escola de Copenhague é a prática discursiva, a qual pavimenta o caminho para o movimento de securitização de uma ameaça. Assim,

> De acordo com a essa escola, o movimento de securitização se inicia por meio de uma representação discursiva, a qual sinaliza a existência de uma ameaça que, devido a seu caráter urgente, não pode e não deve ser tratada pelas vias normais da política, pois requer, medidas extraordinárias e emergenciais. A conclusão desse movimento se dá pela aceitação e consequente legitimação da necessidade de tais medidas frente a uma audiência (Motta, 2018, p. 10-11).

Dessa forma, o arcabouço teórico possui três variáveis principais dentro do movimento de securitização, são elas: o objeto referente, o agente securitizador e a audiência. Diante disso, cada uma dessas variáveis detém uma função dentro do processo.

> O objeto referente é aquilo que é percebido por um ou mais atores como uma ameaça, representando, portanto, o objeto a ser securitizado; o agente securitizador, por sua vez, é o ator que, por meio do discurso, tentará apresentar o objeto referente como ameaça, buscando, assim, uma autorização da audiência para adotar medidas emergências; já a audiência é o *locus* capaz de legitimar ações excepcionais para assim promover uma conclusão – bem ou malsucedida – desse processo (Motta, 2018, p. 11).

Ademais, enfatiza-se que entre as variáveis citadas no âmbito da abordagem do *speech-act* (ato de fala) é necessária uma distinção entre as diferentes unidades. Dessa forma, "a abordagem do *speech-act* para a segurança exige uma distinção entre três tipos de unidades envolvidas na análise de segurança" (Buzan; Waever; Wilde, 1998, p. 35). Com efeito, as unidades que sofrem a interferência são os objetos de referência, os atores securitizantes e os funcionais. Diante disso, Buzan, Waever e Wilde (1998, p. 36) delimitam como:

> 1. Objetos de referência: coisas que são vistas como existencialmente ameaçadas e que têm uma reivindicação legítima de sobrevivência.

2. Atores securitizadores: atores que securitizam questões declarando que algo – um objeto de referência – está existencialmente ameaçado.

3. Atores funcionais: atores que afetam a dinâmica de um setor. Sem ser o objeto de referência ou o ator que pede segurança em nome do objeto de referência, esse é um ator que influencia significativamente as decisões no campo da segurança. Uma empresa poluidora, por exemplo, pode ser um ator central no setor ambiental – ela não é um objeto de referência e não está tentando securitizar as questões ambientais (muito pelo contrário).

Em complementaridade, com a ampliação do espectro dos setores de segurança combinada ao que significaria o termo *ameaça existencial* e como medir essa ameaça, surge a preocupação com a diferenciação e estabelecimento de limite entre politização e o processo de securitização. Assim, para Buzan, Waever e Wilde (1998, p. 23),

> "Segurança" é o movimento que leva a política para além das regras estabelecidas do jogo e enquadra a questão como um tipo especial de política ou como algo acima da política. A securitização pode, portanto, ser vista como uma versão mais extrema da politização.

Já para Motta (2018, p. 13), "há ainda, para a teoria, um escalonamento na identificação de questões como ameaças (ou não) que varia do não politizado ao politizado e dá para o securitizado". Desse modo, detecta-se que a securitização é a versão mais extrema da politização de uma ameaça colocada em *locus*. Com efeito, o ator securitizador eleva a ameaça de forma a permitir a aplicação de políticas de exceção. Dessa forma, Motta (2018, p. 13) ressalta que

> Assim, (i) a não politização ocorre quando uma questão se encontra fora das discussões e decisões políticas; (ii) enquanto a politização, por sua vez, é

identificada pela consideração – por exemplo, por um Estado – de assuntos que serão tratados por meio de políticas públicas; (iii) já a securitização, para a EC[14], se dá quando há a necessidade de ultrapassar a esfera normal de decisões políticas e avançar no sentido da adoção de medidas excepcionais sobre uma situação específica.

Esse movimento pode ser melhor visualizado na imagem a seguir.

Figura 5 – Evolução do grau da ameaça

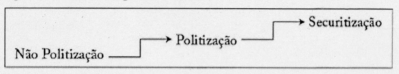

Fonte: Motta (2018, p. 14)

Desse modo, percebe-se que a construção de uma ameaça por meio de objetivos é um movimento secundário para Escola de Copenhague, já que a interlocução do processo se inicia pelo *speech act*. Segundo Motta (2018, p. 12-13),

> A comprovação ou não da existência real de uma ameaça por critérios objetivos é aspecto secundário para a EC, na medida em que o que conta de fato são as percepções dos atores com relação a uma questão. A verificação de uma dinâmica de (in)segurança derivaria de um processo de construção social iniciado por meio da elocução de um ato de fala, o que revela uma clara prevalência na consideração de critérios subjetivos aos objetivos.

Portanto,

---

[14] Escola de Copenhague.

É importante notar que para a EC o sucesso da securitização não está necessariamente atrelado ao estabelecimento de medidas emergenciais, mas apenas à capacidade que o discurso tem de ganhar suficiente ressonância em relação a uma ameaça existencial, viabilizando a criação de uma plataforma que legitime tais ações (Motta, 2018, p. 11).

Dessa forma, percebe-se que a ameaça está diretamente associada à sua construção, o que varia e ao mesmo tempo determina como o discurso criará medidas excepcionais no âmbito da segurança. Para Waever (2011, p. 472), "existem muitas ameaças reais, mas elas não vêm com o rótulo de segurança anexado. Em última análise, a securitização significa uma maneira específica de lidar com um problema específico, processando uma ameaça por meio do formato de segurança".

Para Buzan, Waever e Wilde (1998), "a ameaça existencial só pode ser entendida em relação ao caráter particular do objeto de referência em questão" (Buzan; Waever; Wilde, 1998, p. 21). De outro modo, sua natureza varia conforme o nível de análise e os diferentes setores de segurança, que seriam militar, político, social, ambiental e econômico.

Os diferentes setores identificam diferentes ameaças. O setor militar identifica como objeto referente o próprio Estado. Na perspectiva política a soberania, o Estado e os elementos diretamente envolvidos a essa questão. Já na perspectiva societal a relação está ligada às identidades coletivas. No âmbito ambiental a sobrevivência de espécies individuais ou tipos de *habitat*. Por fim, o último setor, e o mais considerável para a construção do presente trabalho, é o econômico. Esse é o que não possui uma definição específica sobre seu objeto referente devido à dificuldade em especificá-lo.

Por outro lado, embora identifique-se o setor econômico uma área de difícil definição, Buzan, Waever e Wilde (1998, p. 100) sublinharam que

O campo econômico é rico em objetos de referência, que vão desde indivíduos, passando por classes e estados, até o sistema abstrato e complexo do próprio mercado global. Esses objetos geralmente se sobrepõem. A preocupação com a economia global pode ser securitizada em seus próprios termos, mas também pode ser securitizada em termos de uma economia nacional ou de grupos de indivíduos dentro de uma economia nacional (como trabalhadores deslocados).

Além disso, percebe-se que "o Estado detém das qualidades necessárias para securitização" (Buzan; Waever; Wilde, 1998, p. 104). Desse modo, ressalta-se que em relação às outras unidades existentes no campo econômico, o Estado possui o mecanismo de legitimação da narrativa dentro do contexto político do país. Dessa forma,

> No nível da unidade, os estados superam de longe as empresas e as classes como os principais objetos de referência da segurança econômica, mesmo para os liberais. Quando os argumentos de segurança são usados para legitimar, por exemplo, uma violação das regras do Acordo Geral sobre Tarifas e Comércio (GATT), a base é uma lógica de segurança relacionada aos interesses do Estado, e não de uma empresa.

Destaca-se que o setor econômico não funciona de forma isolada, portanto nota-se uma interação entre os demais setores, como o político e militar. Nesse sentido, Buzan, Waever e Wilde (1998, p. 102) sinalizaram:

> Mas o apelo à securitização ocorre principalmente por motivos econômicos ou por motivos de outros setores? Novamente, a ligação com as preocupações político-militares é forte. O exemplo da década de 1930 ainda é usado com frequência para alertar contra medidas de fechamento econômico nacional que possam ameaçar a LIEO. Em parte, essa comparação se refere aos níveis de prosperidade e

ao medo de repetir a Grande Depressão, mas também reflete a preocupação levantada na famosa frase de Cordell Hull de que "se as mercadorias não puderem atravessar as fronteiras, os soldados o farão" (Buzan, 1984). Não está claro se a principal preocupação é com o caos econômico em si ou com o impacto que o fechamento econômico terá nas relações político-militares.

Desse modo, compreende-se que o movimento de securitização do setor econômico usualmente acontece ante a insatisfação e/ou ameaça ao bem-estar da nação agente do movimento de securitização. Assim, enfatiza-se que

As tentativas mais fortes de securitizar a economia são aquelas que deixam claro que, embora isso seja uma questão de perda econômica e, portanto, parte dos negócios comuns da vida, não é uma questão de grau, mas de um possível colapso do bem-estar. Esse argumento pode ser usado em relação à LIEO ou com um estado específico ou grupo de indivíduos como referência (Buzan; Waever; Wilde, 1998, p. 102).

Com efeito, verifica-se que esse argumento foi utilizado pelo governo Trump com o objetivo de colocar a China como o objeto de referência, o qual o ex-presidente sinalizou nos documentos de segurança nacional como "potência contestadora", conforme será abordado adiante.

Ainda, Buzan, Waever e Wilde (1998, p. 22-23) descreveram que

As economias nacionais têm uma reivindicação maior do direito de sobrevivência, mas raramente uma ameaça a essa sobrevivência (falência nacional ou incapacidade de suprir as necessidades básicas da população) realmente surgirá fora de contextos de segurança mais amplos, como a guerra. A menos que a sobrevivência da população esteja em questão, a enorme gama da economia nacional que está fazendo melhor ou pior não pode ser vista como existencialmente ameaçadora.

Assim sendo, o objeto de pesquisa aqui proposto é compreender como o governo Trump securitizou a China por meio de discursos no âmbito da segurança internacional via agenda econômica. Para tanto, a Escola de Copenhague oferece a concepção teórica que é essencial para este trabalho: o conceito da securitização. Desse modo, a segurança pode ser vista na prática como o próprio objeto autorreferencial. Sendo assim, a securitização consiste no estudo do discurso e na constelação política. Portanto, definida por Buzan, Waever e Wilder (1998, p. 22-23),

> Pelo estabelecimento intersubjetivo de uma ameaça existencial com uma saliência suficiente para ter um efeito político substancial. A securitização pode ser estudada diretamente; ela não precisa de indicadores. A maneira de estudar a securitização é estudar o discurso e as constelação políticas.

Dessa forma, "uma das grandes contribuições da EC para o campo consiste justamente na possibilidade de se empregar o discurso como variável que inaugura e funda uma prática de securitização. As ameaças são, portanto, construídas no discurso e pelo discurso" (Motta, 2018, p. 13). Para Buzan, Waever e Wilder (1998, p. 26), "o processo de securitização é o que, na teoria da linguagem, é chamado de ato de fala (*speech act*). Ele não é interessante como um sinal que se refere a algo mais real; o ato é o próprio enunciado". Nesse sentido, nota-se que o movimento de securitização de uma ameaça está diretamente associado à performance discursiva.

Desse modo, Motta (2018, p. 15) argumenta que

> A influência discursiva do *speech act* na teoria de securitização pode ser claramente identificada como uma herança do pensamento de John Langshaw Austin, filósofo da linguagem considerado o pai

da Teoria do Ato de Fala. O pensamento austiano se propõe a preencher uma falha identificada no pensamento filosófico sobre a consideração de representações discursivas: a apreciação apenas descritiva de enunciados, em que estes são avaliados como relatores de um "estado de coisas" e por isso seguem uma lógica dicotômica de avaliação verdadeiro *versus* falso.

Sublinha-se que a Teoria do Ato de Fala proposta por Austin (1962) é rica em premissas, das quais a Escola de Copenhague não faz uso por completo. Portanto, o que se destaca para o pensamento do conceito de securitização é que "a formulação da Teoria do Ato de Fala desenvolvida por Austin (1962) permite à EC trazer uma consideração discursiva para a área de segurança, sob a lógica de que a simples emissão da palavra *segurança* já aciona o gatilho desencadeador do movimento de securitização" (Motta, 2018, p. 18). Assim, identifica-se que a Escola de Copenhague, sobretudo o *speech-act* presente no processo de securitização, sofreu influências de diferentes correntes teóricas, como de Derrida (1982) e Carl Schmitt (1992).

Dessa forma, a primeira a ser apresentada aqui, de forma sucinta, será a influência do pensamento derridiano para a securitização. Assim,

A contribuição do pensamento derridariano para a teoria de securitização está na transferência de seu entendimento da linguagem para a avaliação da segurança. De acordo com Derrida, "[*il*] *n'y a pas hors-texte* (Derrida, 1967, p. 227), ou seja, "não há nada fora do texto". Assim, aquele que pretende avaliar uma representação discursiva não pode depreender do discurso as intenções pessoais de um ator, mas apenas o significado puro e simples daquilo que está no texto. O filósofo avança ainda nessa consideração e afirma que o texto é mais importante pelo que faz ou produz do que necessariamente pelo que diz (Motta, 2018, p. 18).

Por outro lado, a influência de Schmitt (1992) resgatou característica da perspectiva positivista de segurança, "como a questão da sobrevivência, a reivindicação por um agente (mais comumente o estatal) de medidas extraordinárias e a emergência de uma situação de perigo e ameaça extrema" (Motta, 2018, p. 22). Esse aspecto encontra-se na análise aqui proposta, de que o Trump, no exercício da presidência dos Estados Unidos, realizou esse movimento tornando a China a "potência contestadora". Para Schmitt (1992),

> Sua proposta de conceito do político, em que afirma que a essência da política se revela pela intensidade da relação entre os atores, a qual em seu grau máximo de intensificação estabelece uma distinção antagônica entre amigos e inimigos. Dessa forma, na medida em que a política é estabelecida por avaliações de alteridade, para esse filósofo, a lei por si não era capaz de regular o Estado, já que ela não consegue abranger todas as eventualidades, principalmente em momentos nos quais uma situação emergencial é identificada (Motta, 2018, p. 20).

Em síntese, entende-se que o movimento de securitização se utiliza como uma ferramenta pelo poder dominante que faz uso da estrutura de poder para realizar transformações no contexto das relações internacionais.

Por outro lado, também se faz pertinente sublinhar que há o movimento contrário: a dessecuritização. Em síntese, "o processo de dessecuritizar consiste na retirada de uma questão do modo emergencial e sua consequente transferência para o âmbito normal de barganha da esfera política" (Motta, 2018, p. 22). Já para Waever (1995), o processo de dessecuritização, de certa forma, seria mais eficaz do que o movimento de securitização *per se*. No entanto, há poucos trabalhos que tangem o movimento inverso, o que se considera pelo retorno para esfera da politização. Desse modo, Waever (1995, p. 8) argumenta que

> A própria problemática induz as pessoas a falar em termos de segurança, o que reforça a influência da segurança em nosso pensamento, mesmo que nossa abordagem seja crítica. Não encontramos muitos trabalhos voltados para a dessecuritização da política, o que, suspeito, seria mais eficaz do que a securitização dos problemas.

Em outras palavras, retorna à politização, conforme essa imagem ilustra.

Desse modo, a presente seção teve como objetivo realizar uma revisão de literatura acerca da Escola de Copenhague, em particular do conceito de securitização. Assim, perante o exposto, a Escola de Copenhague demonstra-se adequada para a análise aqui proposta, uma vez que se tem como objetivo compreender como o processo de securitização aconteceu durante o governo Trump com a China. Isso pode ser observado em seus atos discursivos, documentos oficiais, redes sociais, entre outros.

Vale sublinhar que

> Uma ameaça existencial a um objeto de referência não cria, por si só, uma securitização – este é o movimento de securitização, mas a questão só é securitizada se e quando o público a aceita como tal (aceitar não significa necessariamente em discussão civilizada e sem dominância; significa apenas que uma ordem repousa sempre na coerção, bem como no consentimento) (Buzan; Waever; Wilde, 1998, p. 25).

Visto isso, a lente teórico-conceitual da teoria de securitização da Escola de Copenhague melhor compreenderá o objeto de estudo na relação sino-americana, dado que buscará identificar como foi possível construir, difundir e consolidar a representação da China de mera adversária comercial para inimiga. Entretanto, reconhece-se que esta teoria não carece de críticas.

Ainda assim, reconhecemos que a teoria de securitização possui fôlego para lidar com o objeto desta pesquisa, visto que concebe que segurança não seria uma situação material, mas sim efeito de interpretação e objeto de contínua (re)articulação discursiva. Diante disso, a próxima seção abordará os limites críticos à teoria de securitização, consequentemente à Escola de Copenhague.

3.2 A pandemia de Covid-19 e os limites críticos à teoria

É inquestionável que "a teoria da securitização teve um impacto significativo" (Howell; Richter-Montpetit, 2020, p. 3). Desse modo, entende-se que o *speech-act* possui uma capacidade de criar e/ou modificar o contexto existente. Nesse sentido, Motta (2018, p. 35) argumenta que "a teoria do *speech act* desenvolvida pela EC entende que as palavras possuem um *poder de abdução*, isto é, uma capacidade de ativar um novo contexto ou modificar um já preexistente por meio da enunciação de um discurso". Assim, atenta-se que o contexto em que o enunciado foi proferido é um fator determinante para a observação do movimento de securitização. Portanto, constata-se que a inclusão do contexto na análise é um fator determinante.

Diante disso, também se observa que, para alguns críticos à teoria, o contexto não é considerado com êxito. De outra forma, "a desconsideração das circunstâncias contextuais pelos teóricos de Copenhague também é, de acordo com nossa visão e a de outros teóricos, um dos limites de sua teoria" (Motta, 2018, p. 35). Assim sendo, nota-se que a teoria, apesar de pertinente para a análise aqui proposta, dispõe de críticas significativas, que valem uma breve abordagem. Ao mesmo tempo, se compreende que

> Talvez o aspecto mais tentador da teoria da securitização seja seu rigor metodológico. Ela oferece um conjunto claro de etapas e padrões para identificar como os objetos de referência (por exemplo, migração, saúde, espaço cibernético) se tornam problemas de segurança e para decidir se eles devem, de fato, ser "securitizados" (Howell; Richter-Montpetit, 2020, p. 4).

De fato, a teoria tem apresentado algumas características pertinentes. No entanto, a primeira crítica a ser destacada aqui é a concentração de preocupação nos agentes promovedores da securitização mais do que no movimento realizado até a adoção de medidas excepcionais. Com isso, Motta (2018, p. 44) destaca que "as críticas dirigidas a ela, parece ficar claro que, apesar da sua relevância para os estudos de segurança, tal teoria se encontra ainda muito centrada no papel do agente e mais preocupada com o resultado da securitização do que com o processo em si".

Além disso, enfatiza-se que, no que concerne ao conceito de segurança *per se*, também carece de crítica para alguns teóricos. Assim, "como consequências, e sem surpresas, ela gera críticas provenientes principalmente das abordagens que reivindicam uma expansão mais radical do conceito de segurança" (Buzan; Hansen, 2012, p. 325). Desse modo, percebe-se que a teoria da securitização sofre diferentes críticas em variadas perspectivas, portanto não se limita a uma característica específica, mas sim acerca dos seus limites *per se*.

Desse modo,

> Um dos desafiantes mais radicais tem sido os Estudos de Segurança Crítica, nos quais Booth defendeu que a Escola de Copenhague não vai longe o bastante na direção de "pessoas reais em lugares reais", que ela, de modo errôneo, relaciona segurança e sobrevivência, constituindo-se estadocêntrica, elitecêntrica, dominada pelo discurso, conservadora, politicamente passiva, nem progressista, nem radical (Buzan; Hansen, 2012, p. 325).

Para mais, outros elementos e ideologias condenáveis estão presentes de forma implícita na teoria de securitização, como o eurocentrismo, o civilizacionismo e o racismo. Para Howell e Richter--Montpetit (2020, p. 5), "nosso argumento não é que a raça está ausente na teoria da securitização, mas que o pensamento político racista é parte integrante dela, mesmo quando os textos clássicos da teoria da securitização discutem a raça ou o colonialismo". Desse modo, identifica-se que dentro da análise uma estrutura racista se faz presente. De fato,

> Fazendo eco a essas preocupações, perguntamos: o que está em jogo na relutância em nomear o racismo nas análises de segurança internacional? O racismo é um sistema fundamental de poder que moldou profundamente o mundo nos últimos cem anos. Além disso, como já está bem estabelecido, as relações internacionais surgiram para dar suporte intelectual às ambições imperiais e (colonizadoras) coloniais dos Estados ocidentais (Agathangelou e Ling, 2004a; Krishna, 2001; Vitalis, 2000, 2015). Com base em estudos negros, estudos indígenas e estudos decoloniais, ilustramos os modos racistas de pensamento que sustentam a teoria clássica da securitização, empregando três conceitos além do eurocentrismo: civilizacionismo, branquitude metodológica e racismo antinegro (Howell; Richter-Montpetit, 2020, p. 4).

Em vista disso, a crítica atribuída à teoria de securitização "não é que a raça esteja ausente na teoria da securitização, mas que o pensamento político racista é parte integrante dela, mesmo quando os textos clássicos da teoria da securitização discutem raça ou colonialismo" (Howell; Richter-Montpetit, 2020, p. 4). Assim, observa-se que a questão racial também se faz presente na performance discursiva do presidente Trump, sobretudo em relação aos chineses no contexto da pandemia de Covid-19. De outro modo, Trump não utiliza a retórica como fator principal, e sim como fonte catalisadora do seu discurso principal, o que contribuiu para o movimento de securitização, conforme veremos mais adiante.

Desse modo, a pandemia de Covid-19 será utilizada neste capítulo como forma ilustrativa de como os limites críticos à teoria de securitização do ponto de vista racista podem ser visualizados *per se*. Com efeito,

> O vírus da Covid-19 já se espalhou por 168 países, com mais de 400.000 casos confirmados e quase 20.000 mortes. Não é de surpreender que as respostas políticas à pandemia global reflitam cada vez mais a política de segurança – ou melhor, a securitização. O processo de securitização segue uma lógica familiar: uma questão é enquadrada como uma ameaça existencial a algum objeto de referência, o que justifica medidas extraordinárias de proteção (Sears, 2020).

Para Byaruhanga (2020, p. 95),

> A representação da pandemia como uma ameaça à segurança da saúde humana resultou em mudanças significativas, como embargos de viagem, suspensão da emissão de categorias específicas de vistos e controles de mobilidade interna, e agora muitos países estão exigindo resultados negativos de testes antes de permitir a entrada de estrangeiros em seus territórios.

Ademais, se visualiza que os efeitos produzidos pela retórica anti-China sob a justificativa da Covid-19 produziram efeitos[15] no ordenamento internacional semelhantes aos do período pós-ataques de 11 de setembro de 2001. Nesse sentido, Byaruhanga (2020, p. 95) argumenta que "a pandemia de Covid-19 produzirá efeitos semelhantes aos dos ataques terroristas de 11 de setembro de 2001 sobre a migração e a segurança". Diante disso, sob a lente teórica da Escola de Copenhague à luz da ameaça da Covid-19 e, consequente-

---

[15] Um dos exemplos da reprodução da retórica de Trump pode ser identificado no Brasil, já que o ex-presidente Jair Messias Bolsonaro foi considerado o "Trump dos trópicos". Desse modo, nota-se semelhanças entre Trump e Bolsonaro em relação à política com a China. Para Resende e Buitrago (2022, p. 8), "desde sua campanha presidencial, Bolsonaro tem criticado a China e, ao mesmo tempo, feito elogios aos Estados Unidos". Assim, constata-se que o discurso de Trump teve efeitos em outros países como Brasil, Hungria, Turquia, entre outros. Sublinha ainda que, "os apoiadores de Bolsonaro, então usaram a mídia social para culpar a China pela pandemia, e logo os tweets sobre o vírus chinês se multiplicaram" (Resende; Buitrago, 2022, p. 8). Diante disso, observa-se que o Twitter também foi ferramenta de reprodução do discurso no Brasil assim como nos Estados Unidos sobre o governo Trump. Ver mais em Resende e Buitrago (2022).

mente, dos chineses, atenta-se que esta última sofreu o movimento de securitização, dado que se tornou uma ameaça existencial crítica à Segurança Nacional dos Estados Unidos.

De acordo com Byaruhanga (2020, p. 105):

> [V]emos que a migração e a mobilidade humana foram declaradas ameaças existenciais críticas durante a pandemia de Covid-19 em todo o mundo e, mais ainda, nos Estados Unidos. O presidente dos Estados Unidos declarou que a imigração de determinadas partes do mundo (especialmente da China e da Europa) era uma ameaça à saúde pública e à estabilidade econômica dos Estados Unidos e restringiu seu acesso ao território americano.

Dessa forma, como medida reativa ao contexto sanitário de 2019/2020, o governo Trump adotou medidas excepcionais sobre os chineses[16]. Ainda, ressalta-se que "dois discursos opostos moldaram a política de securitização" (Sears, 2020). Por um lado, a Covid-19 foi interpretada como uma ameaça à humanidade, ao mesmo tempo que a retórica de uma ameaça à "segurança nacional" ganhou espaço, em particular nos Estados Unidos durante o governo Trump. Assim, Sears (2020) destaca que

> A pandemia é enquadrada como uma ameaça à "segurança nacional", por meio da qual os estados-nação buscam proteger seus cidadãos e instituições. Notavelmente, o presidente dos EUA, Donald J. Trump, declarou a Covid-19 como uma "emergência nacional" e uma ameaça à "segurança nacional" por meio de uma ordem executiva e empregou a metáfora de que os Estados Unidos estão "em guerra" e ele próprio como um "presidente em tempo de guerra". É importante ressaltar que a segurança nacional geralmente percebe outros países como fontes de ameaça, o que se reflete na linguagem que

---

[16] Sublinha-se que a China não foi o único país a sofrer bloqueios e embargos em relação à livre circulação de pessoas. Porém, para os fins aqui propostos, vale a análise sobre o caso dos imigrantes chineses.

descreve a Covid-19 como o "vírus chinês" (ou "vírus de Wuhan") e na prática de fechar unilateralmente as fronteiras para outros países.

Para Byaruhanga (2020, p. 105-106), "essas ações podem ser vistas como medidas extraordinárias, já que o presidente e os governadores passaram por cima dos processos democráticos normais". Ressalta-se, ainda, que a securitização realizada por meio da Covid-19 ocorreu mediante atos discursivos tanto do presidente Trump quanto dos governadores. Desse modo, Byaruhanga (2020, p. 102) detectou que

> A securitização da migração em meio à crise da Covid-19 ocorreu por meio de declarações. O presidente Trump usou ordens executivas e/ou conferências de imprensa para declarar medidas de prevenção "radicais", como restrições de viagem. Em outras palavras, a securitização induzida pela Covid-19 foi realizada por meio de atos de fala. Os principais atores da securitização foram o presidente dos EUA e os governadores de estado. O presidente atuou principalmente na securitização da migração internacional, enquanto os governadores de estado estiveram envolvidos principalmente na implementação do distanciamento social, ordens de permanência em casa e outros aspectos relacionados à mobilidade interna.

De fato, compreende-se que "a resposta global à Covid-19 contém todos os elementos essenciais da securitização: objeto(s) de referência, ameaça, público, atos e atores securitizadores e medidas de emergência" (Sears, 2020, s/p). Além disso, a construção da segurança pela lente da Escola de Copenhague não se restringe aos atos de fala, mas também é reflexo da interação das intersubjetividades. Para Hansen (2000, p. 306), "'segurança' não é apenas um ato de fala, mas está inserida na produção de subjetividades específicas que formam a base para o que pode ser articulado como ameaça". Em síntese, nota-se que a crítica referente à teoria da securitização foi também aproveitada pelo governo Trump, à medida que ele se apropriou da lógica da xenofobia para reforçar seu discurso contrário à China.

Ademais, atenta-se para que o trabalho aqui proposto analisa a securitização por meio da agenda econômica. Porém, esta subseção do capítulo teve como objetivo ilustrar os principais limites teóricos, assim como suas principais críticas. Apesar disso, as críticas não findam com as demonstradas aqui, já que existem avaliações sobre gênero, por exemplo. A escolha de não abordar essa última temática citada é por razão do escopo, limite e concentração do tema sob a ótica econômica. Além disso, trata-se de uma teoria que não é isenta de críticas. Apesar disso, a contribuição da Escola de Copenhague se demonstra adequada para a análise aqui proposta, uma vez que se tem como objetivo compreender como o processo de securitização aconteceu durante o governo Trump com a China.

Por fim, após a revisão de literatura e, consequentemente, seus limites teóricos, será abordado o setor econômico da segurança e como esta tem sido utilizada como mecanismo de guerra ao longo das últimas décadas. Os Estados Unidos se destacam no que tange essa temática, a título de exemplo, "as políticas do New Deal nos anos 1930 constituíam uma segurança socioeconômica, com o drama e a urgência precisamente exigidos pela Escola de Copenhague" (Buzan; Hansen, 2012, p. 326). Por outro lado, nota-se que o crescimento econômico chinês também ocasionou drama e urgência nas medidas por parte dos Estados Unidos, portanto o que será apresentado ao longo deste trabalho. Com isso, na próxima subseção será trabalhado o uso da economia como fonte de guerra de uma perspectiva histórica.

3.3 O uso da economia como instrumento de guerra

"O uso de sanções econômicas tem sido, ao longo da história, um componente integral da política externa da maioria dos Estados-nação" (Alexander, 2009, p. 8). Assim, percebe-se que há outra dimensão de segurança histórica quando se analisa a política externa de um país: a econômica. De outra forma, na maioria das vezes alude-se à atuação de um país no âmbito externo por meio do uso dos recursos militares. No entanto, a ferramenta econômica como instrumento de guerra é tão antiga quanto a guerra *per se*.

Desse modo, infere-se que a economia tem sido um instrumento utilizado pelos Estados com o intuito de alcançar seus objetivos. Para Irfan, Nawaz e Jamil (2021, p. 154), "a origem das sanções econômicas pode ser observada desde os tempos históricos, quando os Estados as utilizavam para atingir seus objetivos". Para O'Toole (2019, s/p), "as sanções são um instrumento essencial de política externa disponível para os formuladores de políticas dos EUA no governo e no Congresso, pois proporcionam mais influência do que a disponível nas negociações diplomáticas tradicionais, sem as muitas desvantagens da ação militar".

Além disso, segundo Alexander (2009, p. 12),

> Ao longo da história, os Estados têm usado sanções ou controles econômicos para atingir objetivos políticos, econômicos ou ideológicos. Em tempos de guerra, os Estados usaram sanções principalmente para reduzir a força econômica dos Estados visados. A força econômica era considerada um componente vital do poder do Estado e, durante a guerra, era um alvo aceito de ataque por meios militares e econômicos.

De outra forma, historicamente, se atribuíram questões relacionadas à segurança do Estado somente ao aspecto militar, sobretudo em razão da visão da *realpolitik*, já que os Estados deveriam preocupar-se com sua soberania e existência no sistema internacional. Não obstante, esse conceito não é mais accito na sua plenitude devido aos avanços nos estudos de segurança. Em outras palavras, novas perspectivas ganharam espaço dentro do arcabouço de segurança. No entanto, não estavam dissociadas ao aspecto militar, uma vez que sua natureza era originária deste último. De acordo com Irfan, Nawaz e Jamil (2021, p. 152),

> Este meio é utilizado pela Europa por várias razões, mas sua própria natureza estava ligada à decisão militar. Atenas também impôs sanções militares em reação ao embargo da Mégara às cidades gregas em 432 a.C. A perspectiva histórica das sanções era a mesma de hoje. O poder econômico foi visto como uma importante força de um Estado.

Dessa forma, identifica-se que a dimensão econômica que passou a ser analisada somente da década de 1990 em diante, já era uma prática muito utilizada pelos Estados antes mesmo do marco posterior a Cristo. Para Alexander (2009, p. 8),

> De fato, Atenas impôs sanções econômicas em 432 a.C. quando Péricles decretou o embargo de importação de Megarian contra as cidades-estados gregas que se recusaram a participar da Liga de Delian, liderada por Atenas, durante a Guerra do Peloponeso. Durante as guerras religiosas da reforma da Europa, os estados usaram embargos comerciais e outras sanções econômicas para obrigar o cumprimento das obrigações do tratado para proteger determinadas minorias cristãs.

O uso de sanções como instrumento de guerra não foi utilizado somente pelos países europeus, já que durante o processo pré-independência dos Estados Unidos essa ferramenta foi utilizada como forma de boicote ao seu colonizador, que era a Inglaterra. Nesse sentido, Alexander (2009, p. 12) corrobora essa percepção. Para o autor,

> Na América pré-independência, as primeiras sanções econômicas significativas dos EUA assumiram a forma de um boicote em 1765, durante a crise da Lei do Selo, que envolveu o boicote dos colonos aos produtos ingleses em resposta à aprovação da Lei do Selo pelo Parlamento (O'Brien, 1997, pp. 40-46). O governo britânico respondeu revogando a Lei do Selo em 1766, mas depois promulgou a Lei

Townshend, que impunha taxas às colônias para cobrir os salários dos governadores e juízes coloniais.

De uma perspectiva histórica, as sanções foram fortemente utilizadas no século XIX como medida de dissuasão contra os inimigos. Nessa perspectiva, Irfan, Nawaz e Jamil (2021, p. 153) elucidaram que,

> No final do século XIX, a Europa o utilizou em tempos de guerra para pressionar os inimigos. O uso de bloqueios tornou-se comum quando os países começaram a criar rotas marítimas e desenvolveram seu poder naval. Os navios dos estados inimigos eram atacados e destruídos. A situação permaneceu a mesma nos anos seguintes.

Assim, até o século XIX, o uso de sanções aconteceu de forma irrestrita durante períodos de conflito como ferramenta de dissuasão da parte inimiga. Entretanto, a partir da década de 1920, em razão da reformulação com a criação da Liga das Nações, essa percepção passou a ser alterada. Com isso, Irfan, Nawaz e Jamil (2021, p. 153) argumentaram que

> As sanções econômicas eram adotadas somente durante as guerras, mas na década de 1920 as coisas começaram a mudar. Quando a Liga das Nações foi criada, ela restringiu seu uso. Agora só era permitido usar esse meio se o Estado tivesse cometido alguma ação violenta. A Liga das Nações tentou resolver vários conflitos internacionais por meio de sanções, mas não impediu a agressão de Estados poderosos.

De outro modo, a Liga das Nações passou a utilizar as sanções de forma reversa. Em outras palavras, não como mecanismo direto para dissuasão do inimigo de guerra, mas como forma para cessar alguns conflitos por meio de aplicação de sanções no país relacionado ao conflito. Para Coates (2019), "em 1919, quando os líderes mundiais se reuniram em Paris para projetar um novo sistema de segurança global para o pós-guerra, eles viram a 'arma econômica' como uma ferramenta potente para fazer com que os agressores se tornassem mais fortes". No entanto, a Liga das Nações não se consolidou no sistema internacional.

Por outro lado, "apesar dos fracassos da Liga, em retrospectiva, o período entre guerras se mostrou um momento fértil para o desenvolvimento de sanções" (Coates, 2019). Cabe salientar que o fracasso da Liga teve implicações diretas para o uso das sanções como forma legítima de atuação como função repressora do conflito. Dessa forma, a legitimidade do uso de sanções retornou somente com a criação da Carta das Nações Unidas em 1945. Assim, para Irfan, Nawaz e Jamil (2021, p. 153-154), "quando as Nações Unidas foram estabelecidas após o fracasso da Liga das Nações, o uso de sanções econômicas recebeu status legítimo. Ela foi incluída na Carta da ONU e, desde então, tornou-se parte da política internacional".

Diante disso, as sanções passaram a ser uma forma para manutenção da paz e da segurança internacional. Nesse sentido, "a Carta da ONU legalizou o sistema de sanções para criar um ambiente pacífico e forçar os Estados a resolverem disputas por meio de mediação e conversações" (Irfan; Nawaz; Jamil, 2021, p. 154). Desse modo, com a criação das Nações Unidas, em 1945, uma nova ordem econômica surgiu por meio da criação de novas instituições financeiras. Nessa perspectiva, Irfan, Nawaz e Jamil (2021, p. 156) sublinharam que

> No final da Segunda Guerra Mundial, os Estados Unidos, juntamente com outros países, estabeleceram uma nova ordem econômica determinando princípios e padrões de comércio internacional e liberalizando a economia. Eles criaram instituições financeiras internacionais, como o Fundo Monetário Internacional (FMI), o Banco Mundial e a Organização Mundial do Comércio (OMC). Esse novo sistema econômico internacional permitiu que os Estados Unidos aumentassem sua influência política no Atlântico e em outras áreas próximas.

Juntamente com seus aliados, eles estabeleceram regras e normas para o comércio e economia globais.

Assim sendo, um novo ordenamento financeiro ocidental emergiu junto ao novo arquétipo político emergente com as Nações Unidas. Concomitantemente, os Estados Unidos também se transformaram nesse período, no que tange ao objeto de análise aqui proposto: as sanções. Com isso, Coates (2019, s/p) ressaltou que

> O governo americano também se transformou durante esse período, com o poder executivo ganhando novos poderes para praticar unilateralmente a guerra econômica em tempos de paz. Durante a Primeira Guerra Mundial, o Congresso aprovou o Trading with the Enemy Act (TWEA)[17], que não só impedia o comércio com a Alemanha, mas também autorizava o confisco de propriedade alemãs nos Estados Unidos.

Já para Hanania (2020, p. 3),

> A história das sanções americanas pode ser rastreada até o Trading with the Enemy Act de 1917. Por meio de interpretação estatutária e emendas legislativas, essa lei, nas palavras de Benjamin Coates, "transformou-se, ao longo das décadas, em um amplo mandado de autoridade executiva para travar uma guerra econômica contra inimigos vagamente definidos, praticamente em qualquer lugar e a qualquer momento".

Dessa forma, ao longo das décadas subsequentes, as sanções foram utilizadas como ferramenta de guerra por meio de discursos sem a utilização necessária da ferramenta militar *per se*. Com isso, por meio do Trading with the Enemy Act de 1917, o presidente

---

[17] Segundo Cooper (2005, p. 47), essa lei foi promulgada em 1917 no contexto do ingresso dos Estados Unidos na Primeira Guerra Mundial (1914-1918). O seu propósito se caracterizou por ser "um ato para definir, regular e punir o comércio com o inimigo, e para outros fins". Desse modo, essa lei caracterizou o primeiro movimento que forneceu poder unilateral ao executivo em contexto de guerra para aplicação de medidas econômicas restritivas.

passou a poder aplicar sanções unilateralmente, sem a necessidade do Congresso para a aprovação da medida coercitiva e restritiva sobre uma nação considerada inimiga e/ou contestadora pelo poder executivo dos Estados Unidos. Nesse sentido, O'Toole e Sultoon (2019, s/p) argumentaram que

> Simplesmente, as sanções permitem que o presidente dos EUA exerça seu poder unilateralmente e, muitas vezes, de forma rápida. Elas costumam ser um dos poucos meios-termos entre a guerra e as palavras. As sanções podem ser aplicadas sem a participação do Congresso e sem a condução de relações diplomáticas delicadas e demoradas ou o risco de perda de vidas em uma ação militar. É claro que a melhor maneira de aplicá-las é em conjunto com outros; em muitos casos, as sanções são o produto de uma política multilateral bem pensada, como o aumento das sanções contra a Coreia do Norte nos primeiros meses do governo Trump. Mas o poder concedido ao presidente dos EUA pela The International Emergency Economic Powers Act of 1977 (IEEPA) – a autoridade legal sobre a qual a maioria dos programas de sanções é construída – é extraordinariamente amplo e relativamente irrestrito, permitindo respostas unilaterais aparentemente rápidas a questões internacionais de interesse.

Além disso, é importante sublinhar que a Lei de Poderes Econômicos Emergenciais Internacionais (em inglês, The International Emergency Economic Powers Act – IEEPA) foi promulgada durante o governo Carter (1977-1981) com o objetivo de permitir que o governo norte-americano proclame e autorize o presidente a restringir e/ou congelar ativos financeiros como resposta a uma ameaça existencial e excepcional a segurança nacional dos Estados Unidos. Assim, essa medida pavimentou o caminho, bem como justificou as sanções aplicadas durante o governo Trump. Dessa forma, a presente seção teve como objetivo mapear o uso da eco-

Figura 6 – Charge da guerra comercial entre EUA e China

Fonte: Pinn (2018)

Todavia, é errôneo atribuir que o meio utilizado por Trump foi algo exclusivo, pessoal, como medida contra a China. A História evidencia que os Estados Unidos já se utilizaram dessa ferramenta em diferentes momentos na sua trajetória em contexto de guerra. Portanto, considera-se que, apesar de uma construção subjetiva de guerra entre Estados Unidos e China pela via comercial, ela significaria uma mudança na visão acerca da segurança do Estado, a qual influencia na ordem internacional, considerando que o interesse nacional seria o ordenador da política externa norte-americana.

Nesse sentido, Irfan, Nawaz e Jamil (2021, p. 155) exemplificam que

> Os Estados Unidos são o único país do mundo que usa sanções mais do que ninguém. Mantiveram as sanções contra o Camboja por 17 anos (1975-1992), restrições econômicas rigorosas contra Cuba por mais de 40 anos e 7 anos contra o Iraque (1990-2002). O Japão suportou sanções por 24 dias em 1985, Israel em 1992 por 68 dias e a Libéria em 1988 por 81 dias.

Além disso, o governo Obama também fez uso dessa ferramenta, não sendo, portanto, um elemento construído no governo Trump. O que houve foi uma aplicabilidade maior em curto espaço de tempo. "A administração Obama estava cheia de ordens de sanções, por exemplo, sanções contra a África, a Rússia e a Coréia do Norte" (Irfan; Nawaz; Jamil, 2021, p. 155). Para Shin (2020), "depois de sancionar apenas uma autoridade chinesa nos últimos 20 anos, os Estados Unidos aumentaram drasticamente as designações de autoridades chinesas desde julho de 2020", conforme ilustrado a seguir.

Figura 7 – Sanções aplicadas a autoridades chinesas entre 2001-2020

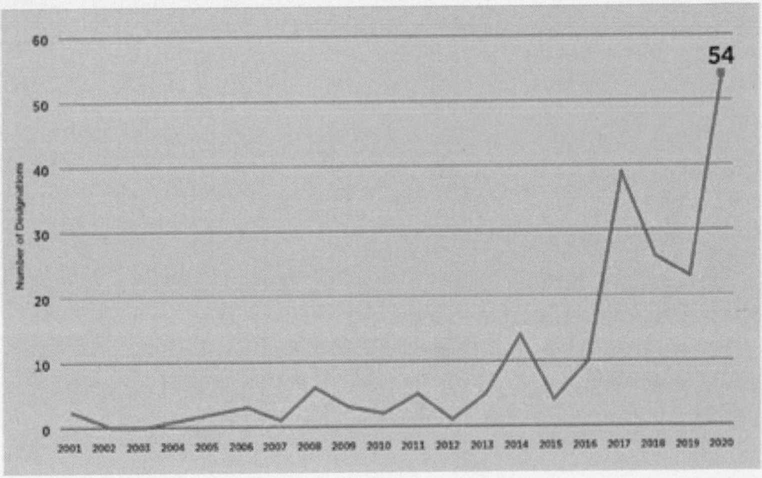

Fonte: Shin (2020)

Na conjuntura da relação Estados Unidos e China, a ascensão chinesa foi um fator preocupante para os Estados Unidos, visto que teve impacto sobre sua economia doméstica. Com isso, o governo Trump optou por medidas mais assertivas para lidar com a ascensão chinesa. Para Adler (2023), "a ascensão da China como um concorrente econômico dos Estados Unidos exige uma resposta estratégica mais ampla e integrada do que a tradicionalmente dada nos Estados Unidos. O conceito de 'segurança econômica' oferece apelo em todo o espectro político".

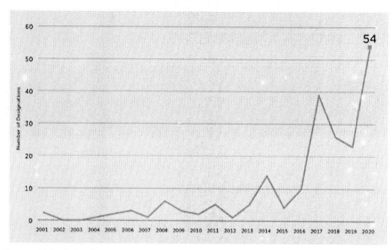

Fonte: Shin (2020)

Na conjuntura da relação Estados Unidos e China, a ascensão chinesa foi um fator preocupante para os Estados Unidos, visto que teve impacto sobre sua economia doméstica. Com isso, o governo Trump optou por medidas mais assertivas para lidar com a ascensão chinesa. Para Adler (2023), "a ascensão da China como um concorrente econômico dos Estados Unidos exige uma resposta estratégica mais ampla e integrada do que a tradicionalmente dada nos Estados Unidos. O conceito de 'segurança econômica' oferece apelo em todo o espectro político".

Ademais, Adler salienta que a guerra econômica com a China expandiu a concepção de segurança como anteriormente conhecido. Assim, Adler (2023) argumenta que

> Os Estados Unidos só recentemente despertaram para a ameaça de segurança nacional colocada por sua dependência econômica em relação à China. Os Estados Unidos estão em muitos aspectos em uma guerra econômica com a China, uma guerra que requer uma concepção mais expansiva de segurança do que apenas a segurança militar para a qual o estabelecimento de defesa dos Estados Unidos

foi projetado. Por outro lado, os formuladores de políticas estão cada vez mais conscientes do que é conhecido como *China Shock* e a perda de empregos de manufatura para a China. No entanto, eles estão apenas começando a lidar plenamente com as implicações da desindustrialização para a segurança nacional.

Assim, identifica-se que o governo Trump se utilizou da ferramenta que nesta seção foi apresentada: a econômica. Conforme apresentado, o fator econômico tem sido utilizado como "arma de guerra" com o objetivo de evitar um conflito militar direto. Diante disso, nota-se que o governo Trump fez vasto uso das sanções, sobretudo sobre a China.

Além disso, a legitimidade do governo Trump, além dos atos discursivos, conforme será trabalhado no próximo capítulo, se apropriou de um recurso também histórico no executivo norte-americano: o International Emergency Economic Powers Act (1977). Nesse sentido, Coates (2019) salientou que "esse poder persiste: em agosto de 2019, Donald Trump explicou que aqueles que questionavam sua autoridade para forçar as empresas americanas a pararem de fabricar na China deveriam 'tentar consultar a Lei de Poderes Econômicos de Emergência de 1977'. Caso encerrado!", conforme ilustrado a seguir.

Figura 8 – *Tweet* do ex-presidente Trump sobre The Emergency Economic Powers Act of 1977

Figura 9 – Disputa comercial entre Estados Unidos e China

Fonte: Stephens (2019)

3.4 Considerações metodológicas sobre a amostra

O objetivo deste item é apresentar algumas considerações sobre como foi escolhida a amostra que será apresentada a seguir. Assim, a escolha dos *Tweets* justifica-se para realizar a análise do discurso securitizador do Trump, já que o ex-presidente fez uso contínuo desse meio de comunicação. Dessa forma, as considerações metodológicas que serão apresentadas aqui consistem na busca pela comprovação do discurso securitizador por meio do uso do discurso informal.

Portanto, desde que "o presidente Trump começou seu mandato lançando a guerra comercial com a China que havia prometido na campanha" (Allen-Ebrahimian, 2021), o escalonamento das tensões sob o aspecto econômico entre Estados Unidos e China aumentou. Diante disso, vejamos, na tabela a seguir, o escalonamento das tensões, que piorou ao longo do mandato.

Tabela 1 – As ações de política externa dos EUA com a China no governo Trump

Desenvolvimento das ações em relação à China durante o governo Trump (2017-2021)	
2016	Retórica dura do candidato Trump em relação às práticas comerciais da China
2017	Trump começa a cobrar tarifas sobre os produtos chineses
2018	Nova estrutura de segurança é aprovada e novas diretrizes passam a comandar a Casa Branca
	Nova Estratégia de Segurança Nacional para o Indo-Pacífico
	Comando Militar do Pacífico alterar sua nomenclatura para Comando do Indo-Pacífico
	Departamento de Justiça lança nova iniciativa para romper com atividades secretas da China nos EUA
2019	Mike Pompeo, secretário de Estado dos EUA, acusou publicamente a China de buscar "dominação internacional"
	Fase 1 do acordo comercial entre EUA e China foi assinado
2020	Trump culpabiliza a China pela pandemia de Covid-19 e exacerba o racismo antichinês
2020	Trump não se reelege

Fonte: autoras, com base em dados de Allen-Ebrahimian (2021)

Em vista disso, detecta-se que o movimento da narrativa contra a China por meio do viés econômico-comercial teve início a partir do ato discursivo do presidente Trump via rede social Twitter. Desse modo, no início do mandato presidencial em 2017, Trump já iniciou seu movimento narrativo enfatizando que os empregos e salários norte-americanos estavam em risco perante a ascensão chinesa.

Tabela 1 – As ações de política externa dos EUA com a China no governo Trump

Desenvolvimento das ações em relação à China durante o governo Trump (2017-2021)	
2016	Retórica dura do candidato Trump em relação às práticas comerciais da China
2017	Trump começa a cobrar tarifas sobre os produtos chineses
2018	Nova estrutura de segurança é aprovada e novas diretrizes passam a comandar a Casa Branca
	Nova Estratégia de Segurança Nacional para o Indo-Pacífico
	Comando Militar do Pacífico alterar sua nomenclatura para Comando do Indo-Pacífico
	Departamento de Justiça lança nova iniciativa para romper com atividades secretas da China nos EUA
2019	Mike Pompeo, secretário de Estado dos EUA, acusou publicamente a China de buscar "dominação internacional"
	Fase 1 do acordo comercial entre EUA e China foi assinado
2020	Trump culpabiliza a China pela pandemia de Covid-19 e exacerba o racismo antichinês
2020	Trump não se reelege

Fonte: autoras, com base em dados de Allen-Ebrahimian (2021)

Em vista disso, detecta-se que o movimento da narrativa contra a China por meio do viés econômico-comercial teve início a partir do ato discursivo do presidente Trump via rede social Twitter. Desse modo, no início do mandato presidencial em 2017, Trump já iniciou seu movimento narrativo enfatizando que os empregos e salários norte-americanos estavam em risco perante a ascensão chinesa.

Figura 10 – *Tweet* do ex-presidente Trump, 14 de setembro de 2017

September 14, 2017
02:22:57

China has a business tax rate of 15%. We should do everything possible to match them in order to win with our economy. Jobs and wages!
Retweets: 17849
Favorites: 76499

Fonte: Trump (2017)

Assim, o ex-presidente norte-americano começou a realizar o movimento antes apresentado: a securitização. Esse movimento começou sob o argumento de que os chineses estavam prejudicando a economia norte-americana. Dessa maneira, um ponto sensível para os cidadãos norte-americanos, conforme já ilustrado no Capítulo 1, durante o governo Clinton, o qual identificou que a economia prevalecia como temática política em vez da guerra.

Diante disso, começaremos com a apresentação de uma significativa amostra dos principais discursos de Trump na rede social, com o objetivo de demonstrar o escalonamento das tensões econômicas no período do seu primeiro ano de mandato (2017) ao último ano do seu mandato (2020). Nesse período, houve, concomitantemente à enfática retórica contra a China, a produção dos principais documentos que serão analisados no próximo capítulo também como efeitos desse movimento. Assim, para a captura da amostra foi utilizada a plataforma *The American Presidency*. A operacionalização foi realizada de forma manual por meio da busca pelas palavras-chaves "*China*" e "*economy*" para o intervalo temporal entre 20 de janeiro de 2017 e 20 de janeiro de 2021, sendo localizados, portanto, 62 arquivos no site.

Em 2017, no seu primeiro ano de mandato, Trump começou a ser mais enfático em relação à China, questionando e incentivando seus cidadãos e apoiadores contra o país asiático. Nesse sentido, Trump (2018a) criticou a Organização Mundial do Comércio (OMC).

Figura 11 – *Tweet* do ex-presidente Trump, 6 de abril de 2018

April 06, 2018
14:32:43

China which is a great economic power is considered a Developing Nation within the World Trade Organization. They therefore get tremendous perks and advantages especially over the U.S. Does anybody think this is fair. We were badly represented. The WTO is unfair to U.S.

Retweets: 24512
Favorites: 96583

Fonte: Trump (2018a)

Em seguida, em meio ao escalonamento das tensões comerciais, Trump encontrou-se com o vice-primeiro-ministro da China, Liu He, na tentativa da abertura de um diálogo entre os dois países.

Figura 12 – *Tweet* do encontro entre Trump e Lie Hu, vice-primeiro-ministro chinês

Fonte: Trump (2018b)

No entanto, o encontro não obteve grandes efeitos práticos, já que o ex-presidente Trump continuou criticando a China do ponto de vista econômico. Em junho de 2018, seu segundo ano de mandato, Trump destacou que a China cobrava impostos elevados em relação aos produtos agrícolas. Diante disso, Trump sinalizou que se mostrava inaceitável essa situação.

Figura 13 – *Tweet* do ex-presidente Trump, 4 de junho de 2018

June 04, 2018 China already charges a tax of 16% on soybeans. Canada has all sorts
12:41:47 of trade barriers on our Agricultural products. Not acceptable!
Retweets: 14518
Favorites: 64831

Fonte: Trump (2018c)

Além disso, percebe-se que Trump utilizou-se do discurso do *American Dream* para reforçar a ideia de que ele era a melhor opção ante o seu antecessor, o ex-presidente Obama, já que os indicadores econômicos estavam mostrando-se favoráveis aos Estados Unidos. Portanto, isso sinalizou que Trump estava resgatando o sonho americano. Com efeito, Trump reproduziu esse discurso no Twitter, o que podemos considerar como forma de argumento de que ele era a melhor escolha para a sociedade norte-americana.

Figura 14 – Tweet do ex-presidente Trump, 9 de setembro de 2018

September 09, 2018 'Barrack Obama talked a lot about hope but Donald Trump
13:10:27 delivered the American Dream. All the economic indicators
what's happening overseas Donald Trump has proven to be far
more successful than Barrack Obama. President Trump is
delivering the American Dream.' Jason Chaffetz
Retweets: 4613
Favorites: 15228

Fonte: Trump (2018d)

Desse modo, Trump permaneceu com a retórica rígida contra a China. Considera-se que a economia é uma questão de segurança nacional para os Estados Unidos, já que pode ser considerada um dos pilares do poder estrutural do país. Assim, detecta-se que a narrativa econômica produziu efeitos no âmbito da produção de documentos de alto nível como o National Security Strategy (2017) ante o escalonamento das tensões sobre o aspecto aqui trabalhado.

Com efeito, a análise desse documento *per se* no próximo capítulo justifica-se como relevante dada sua importância estratégica para o país, uma vez que nesse documento estão as orientações para a política externa dos Estados Unidos de um presidente nos seus anos de mandatos subsequentes. Dessa forma, compreendendo a economia como um problema de segurança nacional, esta também passou a ser um problema de segurança internacional ante a ascensão econômica chinesa. Com efeito, a China foi destacada como uma "potência contestadora" como efeito da retórica do Trump aqui ilustrada na amostra. Além disso, justifica-se ainda a relevância da investigação do mesmo documento na versão de 2022, já no governo Biden (2021-presente), com o objetivo de uma análise mais integrada sobre os efeitos do processo identificado aqui como securitização.

O ex-presidente Trump continuou com sua retórica sobre a base industrial norte-americana, que, no seu entendimento, estava sendo afetada diretamente pela produção chinesa de automóveis.

Figura 15 – *Tweet* do ex-presidente Trump, em 9 de setembro de 2018, sobre a indústria automobilística

September 09, 2018 14:01:06	If the U.S. sells a car into China there is a tax of 25%. If China sells a car into the U.S. there is a tax of 2%. Does anybody think that is FAIR? The days of the U.S. being ripped-off by other nations is OVER! **Retweets:** 32757 **Favorites:** 133067

Fonte: Trump (2018d)

Embora o escalonamento das tensões econômicas estivesse acontecendo, o governo Trump começou a trabalhar na primeira fase do acordo comercial com a China. Entretanto, acusou a China de tentar renegociá-lo.

Figura 16 – *Tweet* do ex-presidente Trump, 5 de maio de 2019

May 05, 2019 16:08:46	For 10 months China has been paying Tariffs to the USA of 25% on 50 Billion Dollars of High Tech and 10% on 200 Billion Dollars of other goods. These payments are partially responsible for our great economic results. The 10% will go up to 25% on Friday. 325 Billions Dollars.... **Retweets:** 26728 **Favorites:** 103580
May 05, 2019 16:08:46	....of additional goods sent to us by China remain untaxed but will be shortly at a rate of 25%. The Tariffs paid to the USA have had little impact on product cost mostly borne by China. The Trade Deal with China continues but too slowly as they attempt to renegotiate. No! **Retweets:** 18577 **Favorites:** 77372

Fonte: Trump (2019a)

Além disso, Trump destacou que os Estados Unidos têm perdido bilhões de dólares em comércio e o principal responsável por essa perda bilionária foi a China, totalizando nos últimos anos uma perda equivalente a 500 bilhões de dólares.

Figura 17 – *Tweet* do ex-presidente Trump, em 6 de maio de 2019, sobre a perda com o comércio

May 06, 2019 11:08:41	The United States has been losing for many years 600 to 800 Billion Dollars a year on Trade. With China we lose 500 Billion Dollars. Sorry we're not going to be doing that anymore! **Retweets:** 28353 **Favorites:** 121524

Fonte: Trump (2019b)

Ao final do seu terceiro ano de mandato (2019), Trump reconheceu que houve mudanças estruturais significativas em relação ao comércio com a China. Portanto, fazia-se pertinente avançar para a fase dois e não esperar sua reeleição. Aqui, considera-se que o contexto doméstico nos Estados Unidos já não se mostrava favorável ao Trump, o que se agravou após a morte de George Floyd[18] no ano seguinte.

Figura 18 – *Tweet* do ex-presidente Trump, 13 de dezembro de 2019

December 13, 2019 15:25:47	We have agreed to a very large Phase One Deal with China. They have agreed to many structural changes and massive purchases of Agricultural Product Energy and Manufactured Goods plus much more. The 25% Tariffs will remain as is with 7 1/2% put on much of the remainder.... **Retweets:** 25680 **Favorites:** 98619
December 13, 2019 15:25:52	.....The Penalty Tariffs set for December 15th will not be charged because of the fact that we made the deal. We will begin negotiations on the Phase Two Deal immediately rather than waiting until after the 2020 Election. This is an amazing deal for all. Thank you! **Retweets:** 17036 **Favorites:** 67303

Fonte: Trump (2019c)

Em 2020, Trump continuou com seu discurso contra a China, afirmando que os Estados Unidos sob seu governo tinham uma política muito clara em relação ao governo chinês: uma dissociação (*decoupling*) completa da China. Aqui, reforça-se a importância da amostra do *Tweet* para a análise pretendida neste trabalho, já que Trump o utilizou como uma ferramenta discursiva para enfatizar sua política contrária à China. Em *tweet* 18 de junho, Trump defende a separação total da China.

---

[18] George Floyd era um afro-americano morto pela polícia em Minneapolis, em 25 de maio de 2020. A morte de Floyd teve grande repercussão tanto interna quanto internacionalmente. No âmbito da política doméstica, houve protesto em relação à ação política com a comunidade afro-americana dentro país, e a reação do governo Trump não teve grande efeitos, o que complicou a situação doméstica e teve impactos nas eleições daquele ano.

Figura 19 – *Tweet* do ex-presidente Trump, 18 de junho de 2020

June 18, 2020
19:56:13

It was not Ambassador Lighthizer's fault (yesterday in Committee) in that perhaps I didn't make myself clear, but the U.S. certainly does maintain a policy option, under various conditions, of a complete decoupling from China. Thank you!
Retweets: 21147
Favorites: 84737

Fonte: Trump (2020a)

Além da retórica sobre o ponto de vista econômico contra a China, conforme já ilustrado. Em 2020, houve a pandemia de Covid-19 como apresentado no Capítulo 2. Assim, Trump também se utilizou desse fato para radicalizar seu discurso sobre a China. Nesse sentido, destacou que os efeitos que a pandemia estava provocando só aumentaram o sentimento de raiva dele contra a China. Por exemplo, em *tweet* de 30 de junho, Trump verbaliza sua raiva com a China responsabilizando-a pela pandemia.

Figura 20 – *Tweet* do ex-presidente Trump, 30 de junho de 2020

June 30, 2020
22:52:02

As I watch the Pandemic spread its ugly face all across the world, including the tremendous damage it has done to the USA, I become more and more angry at China. People can see it, and I can feel it!
Retweets: 63255
Favorites: 305198

Fonte: Trump (2020b)

Destaca-se ainda que Trump, durante esse período, reforçou a ideia de que ele, como republicano, era a melhor opção para os Estados Unidos, já que os democratas, segundo ele, eram "sem coração" e não reconheciam que a culpa do desastre econômico nos Estados Unidos era da China, conforme *tweet* a seguir de 16 de setembro.

Figura 21 – *Tweet* do ex-presidente Trump, 16 de setembro de 2020

September 16, 2020
14:30:29

Democrats are "heartless". They don't want to give STIMULUS PAYMENTS to people who desperately need the money, and whose fault it was NOT that the plague came in from China. Go for the much higher numbers, Republicans, it all comes back to the USA anyway (one way or another!).

Retweets: 31640

Favorites: 117453

Fonte: Trump (2020c)

Ao final do seu mandato e no meio da disputa presidencial, Trump reforçou a ideia de que Biden não conseguiria lidar com a China, já que o democrata não é um bom negociador como ele e isso poderia colocar a segurança da existência dos Estados Unidos em risco. Em vista disso, conforme *tweet* de 2 de novembro.

Figura 22 – *Tweet* do Ex-Presidente Trump 02 de novembro de 2020

November 2, 2020
18:26:56

Biden can never negotiate with China. They would own the U.S. if he were ever President!

Retweets: 26281

Favorites: 163580

Fonte: Trump (2020d)

Assim, constatou-se que as amostras trazidas são justificadas devido a sua apresentação de forma ilustrada da construção narrativa de Trump com o objetivo de indicar a China como a "potência contestadora" ao sistema norte-americano, consequentemente ao sistema internacional. Desse modo, procurou-se evidenciar o recorte entre 2017 e 2020, em razão dos seus anos de mandato, com a finalidade de demonstrar o escalonamento das tensões entre Estados Unidos e China.

Por conseguinte, com o objetivo de identificar os significan-tes flutuantes[19] que estruturam o discurso securitizador da China, buscamos também os documentos oficiais do governo produzidos a partir do discurso do Trump. Diante disso, portanto, os docu-mentos que serão examinados no próximo capítulo são as *National Security Strategy of the United States of America* (2017, 2022) e *United States Strategic Approach to the People's Republic of China* (2020), sob a justificativa de que foram os principais documentos expostos com essa mudança de forma significativa dentro do sistema inter-nacional ocidental. Além disso, ressalta-se que o objetivo também consiste na verificação dos reflexos desses documentos no âmbito da política pública (*policy*). Em outras palavras, será examinado se houve efeitos práticos no âmbito político. Desse modo, o próximo capítulo se destinará à compreensão da análise de discurso *per se*.

---

[19] Ressalta-se que o conceito de significantes flutuantes será melhor abordado e explorado no próximo capítulo. Portanto, para fins desta subseção, será considerado que houve significantes produzidos a partir do discurso do Trump.

4

A SECURITIZAÇÃO DA AGENDA ECONÔMICA POR MEIO DE ATOS DISCURSIVOS

O presente capítulo se dedicará à investigação dos documentos oficiais produzidos durante o governo Trump com a finalidade de verificar nossa hipótese. Aqui, enfatiza-se que os documentos serão as *National Security Strategy of the United States of America* (2017, 2022) e *United States Strategic Approach to the People's Republic of China* (2020). A escolha da dessa amostra deve-se ao fato de que esses foram os principais documentos produzidos durante o governo Trump sobre o objeto da pesquisa. Nesse contexto, será verificado se houve efeitos práticos dos discursos de Trump, conforme apresentado no capítulo anterior, no âmbito político das relações com a China.

Com efeito, os documentos serão analisados neste capítulo à luz do método de mapeamento de significantes flutuantes, de acordo com o modelo da Teoria de Discurso desenvolvida por Laclau e Mouffe (1985). Em vista disso, este capítulo será dividido em três subseções. A primeira consistirá na revisão de literatura da Teoria de Discurso e da Análise de Discurso. Em seguida, será realizado o mapeamento dos significantes flutuantes, tendo como base de dados os três documentos já citados. E, por fim, será verificada a reprodução desses significados flutuantes pelas agências oficiais dos Estados Unidos.

Adotaremos, assim, a noção de linguagem como prática social de construção e significação da realidade, capaz de criar objetos, sujeitos, situações, relações e estruturas e lhes atribuir significados e identidades. Ao contrário do emprego tradicionalmente feito por positivistas, não concebemos a linguagem como instrumento de descrição da realidade, e sim como constitutiva desta.

Além disso, a escolha pela metodologia da Análise de Discurso justifica-se pelo conhecimento e técnica fornecida por esse método, que é necessária para que possamos identificar um discurso dominante, localizar os mecanismos de sua (re)produção, mapear sua transformação e adaptação, buscar sua genealogia, apontar contradições, falhas e inconsistências internas, revelar as articulações que constroem um Eu privilegiado em oposição a Outro desvalorizado, perturbar sua coerência interna, demonstrar o caráter arbitrário na articulação entre significantes e significados, denunciar a falsa correspondência entre forma e conteúdo, indicar discursos concorrentes, ou sugerir discursos alternativos e apontar suas respectivas implicações políticas. Diante disso, a seguir será abordada uma breve revisão de literatura acerca da Análise de Discurso.

4.1 Análise de Discurso: uma revisão

A perspectiva positivista não ignorava *per se* a linguagem como objeto de análise, conforme visto no Capítulo 3. Em outras palavras, a linguagem, para os positivistas, era um instrumento de descrição da realidade dada, o que diverge da visão que constrói o presente trabalho. Aqui, preconiza-se que a linguagem é constitutiva da realidade, sendo, portanto, necessário interpretá-la dado o contexto no qual está inserida. Para Resende (2012, p. 67),

> O papel da linguagem na constituição da realidade foi por muito tempo ignorado no ramo. Temas como linguagem e intersubjetividade sempre foram considerados irrelevantes, segundo a postura positivista que dominava a área desde sua consolidação. Enquanto isso, a contribuição da Linguística para a compreensão da realidade rendia muitos frutos para a teoria social e a política: a fenomenologia transcendental de Husserl, o pragmatismo universal de Habermas e Apel, os modelos de análise de linguagem de Wittgenstein e Austin, a hermenêutica

de Heidegger, o estruturalismo de Saussure, a teoria da intencionalidade de Skinner, entre outros.

A Análise de Discurso, surgida na França na década de 1960, buscou compreender a construção dos sentidos e significados a partir dos atos discursivos. Resende (2012, p. 171) evidencia que,

> Surgidas inicialmente na França na agitada década de 1960, e em contraposição à Linguística Clássica, as primeiras experiências de teorização com foco em discursos tinham como objetivo dar conta da análise da construção de sentidos e significados em discursos oriundos de contextos históricos específicos, o que fazia com que se localizassem entre a Linguística e as Ciências Sociais.

Por consequência, nas décadas seguintes, de mera técnica de análise textual e metodologia de pesquisa, evoluiu para uma disciplina híbrida e transdisciplinar (Fairclough, 1992, 1995, 2003; Van Dijk, 1993) que culminou no estabelecimento da linguagem no centro das relações de poder.

Já no campo de estudos das Relações Internacionais, "as abordagens discursivas tiveram entrada relativamente tardia" (Resende, 2012, p. 171), e a partir de sua inserção na análise de política externa. Em vista disso, aqui, antes de abordarmos a relação entre a Análise de Discurso e as análises de política externa, faz-se pertinente considerar uma revisão das contribuições na área ao longo das últimas décadas, para, em seguida, apresentar a relação com a política externa ao final da subseção.

Diante disso, ao mesmo tempo do avanço do estudo da linguística no campo das Ciências Sociais, os estudos de identidade e, consequentemente, das relações internacionais estavam em evidência. Nesse sentido, Resende e Leite (2023, p. 105) argumentaram que "Os estudos de identidade – de coletivos, indivíduos, etnias, nacionalidades ou gêneros – parecem ter capturado a imaginação das ciências sociais nos últimos tempos, muito provavelmente devido aos debates sobre multiculturalismo e globalização".

Visto isso, as primeiras influências da linguística no campo das Relações Internacionais surgiram a partir das contribuições de Saussure (1983) e Wittgenstein (1953). Assim,

> As primeiras 'invasões' da linguagem começam a ocorrer pela influência de Saussure (1983) e Wittgenstein (1953) em internacionalistas. Enquanto a contribuição do primeiro foi destacar a natureza social da linguagem e dos processos de produção de significados, o segundo postulou a noção de que a realidade não podia ser compreendida senão como resultado de uma complexa prática social de construção da relação entre os objetos e seus significados sociais. Em comum, estava a centralidade que concedia ao papel da linguagem, reconhecendo-lhe sua natureza social e sua agência na construção da realidade (Resende, 2012, p. 67).

Dessa forma, seguindo a tradição saussuriana, a linguagem é entendida como um sistema de sinais altamente estruturado, porém inerentemente instável devido à ausência de correspondência natural entre significantes e significados: "um sistema inerentemente instável de sinais que produzem significado por meio de construções simultâneas de identidade e diferença" (Hansen, 2006, p. 18).

Desse modo, infere-se que, segundo Saussure, a linguagem é um sistema dual que se correlaciona com a construção social por meio da estruturação das normas sociais que variam pelo ato individual, político, social e histórico. Além disso, enfatiza-se a segunda contribuição de Saussure para a linguística: o modelo de significação. De forma concisa, esse modelo propõe a interação entre as concepções de polissemia e denotação através da descrição de signos, que são compostos por significantes. Sendo, portanto, um trabalho duplo que pode abranger letras, sons, imagens ou números, por exemplo. Dessa forma, destaca-se que o responsável pela interlocução dos elementos depende do discurso como mediador. Considerando que não existia uma correspondência natural direta, ou automática, entre as letras e ideia abstrata que atribuía ao conjunto de palavras formando significados.

Percebe-se que, portanto, a articulação entre os dois elementos, conjunto de letras e a ideia abstrata, depende da mediação do discurso, conforme destaca Saussure em seu pensamento. Dessa forma, a título de exemplo consideramos as letras *tree*, cujo significante equivale à "árvore", em inglês, a fim de ilustrar como essa articulação discursiva precisa da criação de um senso comum que seja capaz de produzir a naturalidade da correspondência entre significado e significante. Isto significa o que Foucault (1972) nomeou como "categoria de senso comum", já que, fora do discurso que legitima essa articulação, a categoria formada perde seu sentido. Em síntese, a contribuição do linguista suíço produziu a concepção de que a interlocução entre o significante e significado somente ocorre dentro de um plano discursivo específico.

A outra influência da linguagem foi oriunda do linguista austríaco Wittgenstein (1953). Esse linguista convergiu com a posição contra os positivistas de Saussure, já que, segundo Wittgenstein, a linguagem constrói o que ela mesma nomeia a partir da produção dos signos. Desse modo, as palavras recebem significados por meio da interação cotidiana do seu uso na tentativa da construção de uma realidade social. Assim sendo, segundo Wittgenstein, os objetos não possuem uma referência preexistente no plano linguístico, dado que as palavras recebem significado somente a partir da interação cotidiana. Com efeito, o "significado é o uso", em virtude da categoria linguística criada a partir do seu uso cotidiano.

Sendo assim, segundo a contribuição de Wittgenstein, "o uso efetivo da linguagem e nos atos de comunicação cotidiana é a chave para entender o papel da linguagem nos processos de construção da realidade social" (Resende, 2012, p. 69). Dessa forma, constata-se que as contribuições da linguística para a área das Relações Internacionais foram três: os jogos de linguagem, a investigação gramatical e os atos de fala. Estes últimos que serão analisados na próxima subseção, com base nos atos de fala de Trump.

Destaca-se, ainda, que a Análise de Discurso é uma área alimentada por múltiplas teorias de discurso, as quais possuem produções de importantes autores, como Hall, Pêcheux, Laclau e Mouffe.

Nesse sentido, em razão da limitação do escopo do trabalho, será limitado à apresentação da interpretação desses autores citados, com o objetivo de demonstrar como eles entendem a Análise de Discurso. Para mais, sublinha-se que a análise dos documentos *per se* neste capítulo estará relacionada à metodologia desenvolvida por Laclau e Mouffe, conforme será apresentado a seguir.

Dessa maneira, o primeiro autor que será abordado aqui é Pêcheux (1969). Nota-se que, segundo sua interpretação, o discurso é o resultado da interação entre os diferentes interlocutores em um dado cenário. De outra forma, Pêcheux sofreu influência do pensamento de Foucault (1972), de que as condições que possibilitam a produção de um discurso variam de acordo com a produção específica em um determinado momento histórico. Com isso, verifica-se que as circunstâncias são o elemento-chave para a análise de discurso na visão de Pêcheux.

Nesse sentido, considerando a interpretação pecheutiana, o discurso produz diferentes sentidos, que variam de acordo com as condições em que o enunciado de um interlocutor produz em consonância com o discurso produzido. Em outras palavras, o discurso é o efeito do sentido produzido entre os anunciantes. Assim, identifica-se que o que marca e possibilita ao mesmo tempo a articulação, emergência e consolidação de um discurso é o fato histórico determinado, e que, por consequência, marca a estrutura de poder que caracteriza a produção de sentido dentro desse mesmo discurso.

Assim, aproximando essa visão para o objeto deste trabalho, infere-se que Trump produziu seu discurso ante a circunstância da crise econômica norte-americana doméstica com o objetivo de justificar o problema como do "outro". De fato, a China estava em constante ascensão econômica, o que possibilitou a construção narrativa e a consolidação de um discurso com reflexos nos documentos de segurança e defesa norte-americanos por meio de uma articulação com seus interlocutores no governo.

Para Stuart Hall (1986), o discurso é capacitador da produção de um senso comum para a formulação de um pensamento genérico a partir de uma ideologia. Em outras palavras, de acordo com seu pensamento sobre a análise de discurso, a produção do senso comum de signos, normalmente, se expressa em contexto político de extrema ideologia. Assim, Hall denominou esse momento de "categorias de consciência prática", já que o discurso se origina por meio da interlocução entre as instituições envolvidas e as práticas na sociedade como produto de um discurso ideológico mais extremo.

Desse modo, aproximando-se da análise dos discursos de Trump no Twitter, conforme apresentado no capítulo anterior, o ex-presidente fez o uso da construção de uma "consciência prática" sobre a China para formulação de um ambiente mais hostil com a China, o que resultou no escalonamento das tensões da relação sino-americana nos últimos anos.

Por conseguinte, serão apresentados os últimos autores aqui listados da Teoria do Discurso: Laclau e Mouffe (1985). Esses autores são considerados os mais inovadores da área, em razão da reformulação do conceito de hegemonia de Gramsci (1971) "com base na crítica pós-estruturalista de Foucault, Derrida e Lacan" (Resende, 2012, p. 173). Assim, Laclau e Mouffe (1985) definiram política como "a prática de criação, reprodução e transformações das relações sociais" (Resende, 2012, p. 173). Em resumo, os autores resgataram como a ideologia possui um papel importante dentro do debate público na construção de uma hegemonia discursiva.

Portanto, Laclau e Mouffe (1985) entenderam que os novos discursos surgem no contexto político para reformular e estabilizar significados perante um contexto de crise. Desse modo, compreende-se que o surgimento de novos discursos em momentos de crise gera uma "janela" de oportunidades para o requerimento de demandas individuais, ou até mesmo particulares de um líder, que passam ser articuladas por meio do discurso como universais em uma sociedade. Sendo assim, após a universalização do discurso, a natureza particular transforma-se em uma natureza discursiva universal, portanto criando um senso comum. Com efeito, o novo discurso surge como uma tentativa de estabilizar e regular os significados produzidos nessa nova ordem linguística hegemônica.

Diante disso, observando a análise aqui proposta do movimento discursivo realizado por Trump contra a China, a Teoria de Discurso de Laclau e Mouffe melhor se encaixa para a análise na próxima subseção, já que a mesma melhor atinge o objetivo esperado para esta pesquisa, o que justifica a escolha por esse mecanismo de análise. O principal argumento consiste na construção de um discurso hegemônico dominante de uma percepção de realidade em um momento de crise. Além disso, destaca-se que um discurso em momento de crise é capaz de produzir uma nova formação identitária coletiva ante a estabilização dos significados produzidos nesse dado momento. Aqui, infere-se que Trump consolidou seu discurso como dominante no momento de crise econômica doméstica perante a China.

Figura 23 – Charge da construção da retórica da disputa comercial entre EUA e China

Fonte: Thompson (2018)

Sublinha-se que a construção narrativa da crise econômica doméstica por Trump estava diretamente associada ao déficit comercial dos Estados Unidos com a China ao longo dos últimos anos antes do seu governo. Segundo Trump, "a China era responsável pelo 'maior roubo da história do mundo' e criticou o déficit comercial dos EUA com a China, que, em 2016, ficou em torno de US$ 346 bilhões" (Hass; Denmark, 2020). Além disso, enfatiza-se que o déficit comercial dos Estados Unidos com a China permaneceu elevado durante o governo Trump, fato esse que pavimentou o caminho para a construção de uma retórica mais hostil contra a China. Desse modo, diante disso, vejamos a balança comercial ao longo do governo Trump (Figura 24).

Figura 24 – Balança comercial EUA-China de 2017 a 2022

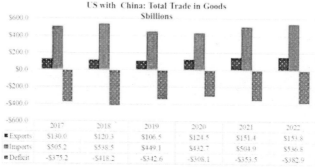

Fonte: United States (2022, p. 2)

Em consonância a isso, outro fator econômico diretamente relacionado ao déficit foi o número de desemprego elevado nos Estados Unidos, fruto da guerra comercial entre Estados Unidos e China. Assim, a "taxa de desemprego disparou para 14,7%" (Kurtz; Yellin, 2020) nesse período, conforme ilustra a imagem a seguir.

Figura 25 – Desemprego nos EUA durante o governo Trump

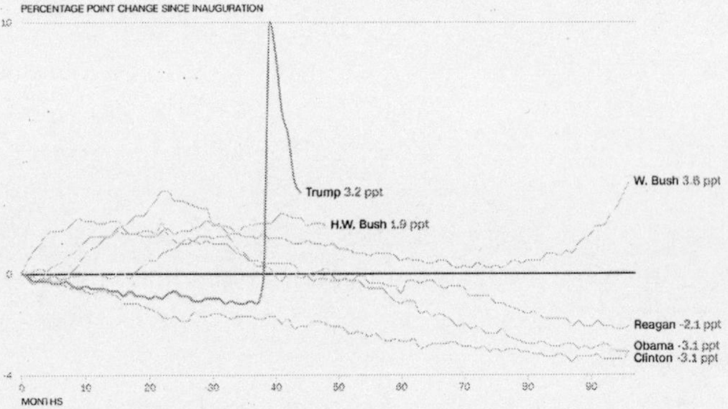

PERCENTAGE POINT CHANGE SINCE INAUGURATION

Trump 3.2 ppt
H.W. Bush 1.9 ppt
W. Bush 3.6 ppt
Reagan -2.1 ppt
Obama -3.1 ppt
Clinton -3.1 ppt
MONTHS

Fonte: Kurtz e Yellin (2020)

Nesse contexto, com efeito, olhando o discurso de Trump, percebe-se que houve um discurso securitizador que realizou uma sutura no que concerne às divisões internas em relação à política externa com a China. Dessa forma, apesar de os "republicanos serem duas vezes mais propensos do que os democratas a descrever a China como inimigo" (Silver; Devlin; Huang, 2020), percebeu-se que, no que tange à política externa em relação à China, republicanos e democratas convergiram que a China constituía uma ameaça à Segurança Nacional norte-americana. Portanto, ao visualizar as políticas também do governo de Obama e Biden, identifica-se que há uma consonância no que se refere à China. Visto isso, em seguida retornaremos à revisão dos autores.

Mottier (2000) argumenta que narrativas históricas e textos políticos – como os discursos de política externa no caso desta pesquisa – produzem uma performance da identidade nacional. Nesse sentido, a pesquisa se alinha à literatura já consagrada na área de Relações Internacionais, que produz análises de política externa com base em métodos discursivos. Identifica-se, portanto, que textos de política externa mobilizam noções e imagens do "interesse nacional" em nome do qual escolhas políticas são racionalizadas e explicadas a audiências domésticas. No âmbito dos estudos de política externa

(Browing, 2002; Campbell, 1990, 1998a, 1998b; Der Derian, 1992; Hansen, 1996, 2006; Hansen; Waever, 2002; Holland, 2013; Joenniemi, 1990; Lynn-Doty, 1993; Nabers, 2009, 2015; Neumann, 1996; Resende, 2012; Shapiro, 1988), metodologias discursivas se prestam particularmente bem porque o objetivo dos formuladores de política é articular opções políticas que sejam aceitas como legítimas e fruto de autoridade. Assim, eles devem buscar construir discursivamente uma ligação entre política e identidade de forma que ambas sejam coerentes entre si.

Assim sendo, na próxima subseção será abordado o que é o método do mapeamento de significantes flutuantes, tendo como base de análise os três documentos oficiais do governo americano antes citados. E, na última subseção, serão examinados os efeitos práticos e os reflexos no âmbito da política pública para conclusão da proposta aqui definida no início do trabalho.

4.2 Levantamento e mapeamento dos significantes flutuantes

O método de Análise de Discurso proposto por Laclau e Mouffe (1985) é o que se denomina como mapeamento de significantes flutuantes. Em função disso, esta subseção pretende apresentar esse método explicando suas razões, relevância e pertinência para o objeto de estudo proposto neste trabalho, definindo-o e aplicando-o *per se* a partir da análise dos documentos oficiais produzidos por Trump e seus reflexos.

Segundo Laclau e Mouffe (1985), um corpo social é o resultado de inúmeras práticas articulatórias discursivas que são produzidas por meio das relações sociais em um determinado espaço e tempo social. Dessa forma, o corpo social forma-se a partir das múltiplas práticas articulatórias que aglutinam os elementos antes dispersos no campo discursivo com o objetivo de reorganizá-los em uma única totalidade estruturada.

Dentro desse processo de construção de um corpo social, as demandas são criadas por meio da articulação discursiva com base em "antagonismos a outras demandas e suas respectivas identidades, que são por sua vez repelidas e negadas por 'lógicas das diferenças'" (Resende, 2012, p. 179). Assim, o corpo social é construído por intermédio dos elementos que produzem significados ao reuni-los em uma cadeia associativa de significados para um determinado contexto.

Diante do exposto, trazendo para o objeto de pesquisa do trabalho, infere-se que os atos de fala de Trump no Twitter, já elucidados no capítulo anterior, reúnem os significados em uma cadeia associativa de palavras/termos relacionados com a China de forma a criar antagonismo entre o "Eu", Estados Unidos, e o "Outro", a China. Nesse contexto, os documentos foram os reflexos resultantes desse movimento de criação de antagonismo pelo discurso.

O conceito de significantes flutuantes foi primeiro definido por Lévi-Strauss (1950). Para o autor, o significante flutua devido à capacidade do mesmo de receber possibilidades de significado. De outra forma, o significante não possui um conteúdo dado a ele previamente, portanto se constitui a partir dos conteúdos que serão expostos. É forma sem conteúdo, pode, portanto, conciliar significados aparentemente irreconciliáveis. O significante flutua, em razão da não atribuição de um conteúdo específico aos seus signos. Desse modo, sem uma categorização da associação articulatória discursiva, esse significando não possui forma ou sentido.

Já para Chandler (2002), o significante flutua devido ao fato de ser altamente variado e sem sentido próprio. Isso significa que "o significante flutuante possui 'valor simbólico zero', o que permite 'o funcionamento do pensamento simbólico apesar das contradições que lhe são inerentes'" (Resende, 2012, p. 180). Em síntese, o significante pode aderir a diferentes formas e diferentes perspectivas, variando o público-alvo que a articulação discursiva almeja alcançar.

Para Laclau (1996), não há uma relação natural entre os significantes e o significado. Portanto, é uma relação constituída a partir da interação social para a qual uma demanda específica ganha espaço, tornando-se universal. Nesse sentido, "a função do significante flutuante é 'dar a uma demanda particular a função de representação universal, isto é, dar-lhe o valor de um horizonte, concedendo coerência à cadeia de equivalência e, simultaneamente, mantendo-a indefinidamente aberta"' (Resende, 2012, p. 180-181). Dessa forma, Trump fez uso desse mecanismo da articulação discursiva com o objetivo de constituir a China como o "Outro" antagonista à posição dos Estados Unidos como potência hegemônica no sistema internacional.

Diante do exposto, a proposta a ser seguida adiante é a realização do mapeamento dos principais significantes flutuantes no governo Trump por meio dos documentos de segurança nacional, buscando a identificação dos seus pontos nodais por meio dos recursos linguísticos. Com efeito, o corpus discursivo a ser analisado é constituído por três documentos oficiais produzidos em 2017, 2020 e 2022, totalizando 56.786 palavras. Aqui, sublinha-se que o documento de 2022 não foi produzido por Trump, porém o mesmo se mostra relevante para identificação de que os atos discursos de Trump e seus significantes flutuantes permaneceram no imaginário da política externa dos Estados Unidos. Considerando isso, a seguir serão mapeados os termos mais utilizados nesses três documentos, com a finalidade de iniciar o mapeamento desses significantes flutuantes em relação à China.

Desse modo, ante as considerações linguísticas analisadas nos documentos aqui dispostos para verificação da retórica de Trump, foram identificados os dez termos mais recorrentes nessas publicações (Figura 26).

Figura 26 – Termos linguísticos mais empregados na amostra dos três documentos analisado

Termos em inglês	Termos em português	Frequência nos documentos	%
American	Norte-americano	268	0,078
Economic	Econômico	258	0,075
Trade	Comércio	105	0,030
World	Mundo	259	0,076
Security	Segurança	333	0,098
Interest	Interesse	163	0,048
Prosperity	Prosperidade	84	0,024
Economy	Economia	62	0,018
China	China	100	0,029
Unfair	Injusto/desleal	23	0,0067

Fonte: autoras (2023)

Além da seleção dos termos elencados, também elaboramos uma nuvem de palavras para melhor visualização dos termos visualmente.

Figura 27 – Nuvem de palavras dos termos mais empregados na amostra

Fonte: autoras (2023), com o uso da ferramenta *WordClouds*

Em seguida, foi verificada a utilização desses termos com as demais classes gramaticais com a finalidade de entender e constatar quais pronomes pessoais e possessivos na amostra estudada tiveram maior número de ocorrências. Com isso, os pronomes localizados com maior número de reincidência foram os seguintes: *we, our, ours, they, them* e *theirs*. Com base no levantamento realizado, escolhemos o predomínio dos oito significantes flutuantes – *American, economic, trade, world, security, China, we* e *our* – que se apresentaram com maior ocorrência.

O método para apresentação desses termos segue uma ordem cronológica, não do número de ocorrências, mas de relevância para construção do pensamento e retórica de Trump em relação à China. Com efeito, o primeiro significante flutuante identificado foi *American*. Do ponto de vista histórico, o primeiro significante escolhido não foi surpresa, dada a referência que os norte-americanos criam de si mesmos. Aqui, ressalta-se a prevalência do termo *American* em vez do termo "Estados Unidos e/ou Estados Unidos da América". Desse modo, infere-se que a escolha do emprego do termo *American* está em consonância com a construção lógica de uma coletividade coesa, unida e homogênea que está em perigo ante o crescimento chinês. Com efeito, Trump se apropriou da retórica desse significante flutuante dentro do contexto narrativo linguístico com a finalidade de despertar no imaginário dos norte-americanos uma ameaça iminente à coletividade. Diante disso, vejamos alguns empregos desse termo com o objetivo de ilustrar essa visualização:

> ...I pledged that we would revitalize the **American** economy, rebuild our military...

> ...My Administration's National Security Strategy lays out a strategic vision for protecting the **American** people and preserving our way of life, promoting our prosperity, preserving peace through strength, and advancing **American** influence in the world...

> ...our government cannot prevent all dangers to the **American** people. We can, however, help **Americans** remain resilient in the face of adversity...

> ...A strong economy protects the **American** people, supports our way of life, and sustains **American** power...

> ...We must rebuild our economic strength and restore confidence in the **American** economic...

> ...For 70 years, the United States has embraced a strategy premised on the belief that leadership of a stable international economic system rooted in **American** principles of reciprocity, free markets, and free trade served our economic and security interests...

> ...Today, **American** prosperity and security are challenged by an economic competition playing out in a broader strategic context...

> ...the PRC's violations of our bilateral consular treaty puts United States citizens at risk in China, with many **Americans** detrimentally affected by the PRC government's coercive exit bans and wrongful detentions...
>
> ...Our strategy is rooted in our national interests: to protect the security of the **American** people; to expand economic prosperity and opportunity; and to realize and defend the democratic values at the heart of the **American** way of life...
>
> ...We must work with other nations to address shared challenges to improve the lives of the **American** people and those of people around the world...[20] (Trump, 2017; United States. White House, 2020; Biden, 2022, grifo nosso).

O segundo significado flutuante considerado para o estudo aqui realizado foi *economic*. O termo empregado para justificar a ameaça da China para os Estados Unidos foi articulado como uma agressão aos americanos (*Americans*), bem como ao mundo (*world*) e a segurança (*security*), tanto nacional quanto internacional. Em vista disso, identifica-se que o significante flutuante *economic* no contexto da prática articulatória de Trump ganhou um novo significado quando analisado em relação ao desenvolvimento da política externa com a China, já que Trump a contestou e, ao mesmo tempo, a responsabilizou sobre os problemas econômicos domésticos. Portanto, infere-se que econômico, quando analisado na amostra, está diretamente associado à ameaça de segurança internacional. Além disso, enfatiza-se que outros significantes flutuantes também se associaram a ele, como *American, security, trade, unfair, world,* por exemplo. Ainda, destaca-se que esses termos se articulam entre si, constituindo um discurso dominante sobre a ameaça chinesa a partir da visão norte-americana. Dessa forma, vejamos como o discurso se construiu por meio desse significante flutuante:

---

[20] A escolha pela não tradução das frases é em razão da não contaminação dos resultados da amostra, dado que a tradução também é um processo de prática de articulação discursiva.

*...the United States will no longer tolerate **economic** aggression or unfair trading practices...*

*...The United States consolidated its military victories with political and **economic** triumphs built on market economies and fair trade...*

*...we took our political, **economic**, and military advantages for granted, other actors steadily implemented their long-term plans to challenge America...*

*...They subsidized their industries, forced technology transfers, and distorted markets. These and other actions challenged America's **economic** security...*

*...The United States will respond to the growing political, **economic**, and military competitions we face around the world...*

*...Data, like energy, will shape U.S. **economic** prosperity and our future strategic position in the world...*

*...We will insist upon fair and reciprocal **economic** relationships to address trade imbalances...*

*...In trade, fair and reciprocal relationships benefit all with equal levels of market access and opportunities for **economic** growth. An America First National Security Strategy appreciates that America will catalyze conditions to unleash **economic** success for America and the world...*

*...**Economic** security is national security...*

*...Working with our allies and partners, the United States led the creation of a group of financial institutions and other **economic** forums that established equitable rules and built instruments to stabilize the international **economy**...*

*...Today, American prosperity and security are challenged by an **economic** competition playing out in a broader strategic context...*

*...We welcome all **economic** relationships rooted in fairness...*

*...the United States will no longer turn a blind eye to violations, cheating, or **economic** aggression...*

*...Although differing in nature and magnitude, these rivals compete across political, **economic**, and military arenas, and use technology and information to accelerate these contests in order to shift regional balances of power in their favor...*

*...To prevail, we must integrate all elements of America's national power—political, **economic**, and military...*

*...Although the United States seeks to continue to cooperate with China, China is using **economic** inducements and penalties, influence operations, and implied military threats to persuade other states to heed its political and security agenda...*

*...we will establish fair rules while also sustaining our **economic** and technological edge and shape a future defined by fair competition—because when American workers and companies compete on a level playing field, they win...* (Trump, 2017; United States. White House, 2020; Biden, 2022, grifo nosso).

Figura 28 – Disputa comercial entre Trump e Xi Jinping

Fonte: Swanson e Bradsher (2019)

Desse modo, o significante flutuante *economic* mostrou-se o ponto-chave na construção da prática articulatória contra a China, já que o mesmo termo é aplicado conjuntamente com relação ao termo *security*, bem como *trade* e *unfair*, com o objetivo de construir um conjunto linguístico dentro de um contexto de segurança nacional que se replicou para o âmbito da retórica internacional ante a disputa pela hegemonia com a China. Em vista disso, observa-se que há uma ampliação do sentimento nacional quando se infere a articulação desses termos conjuntamente com *American* como uma prática linguista articulatória na construção da ameaça da China ante a hegemonia norte-americana no sistema internacional. Com isso, as amostras seguintes refletem como esse processo aconteceu com os três outros principais significantes flutuantes a serem destacados neste trabalho: *security*, *trade* e *unfair*. A primeira amostra refere-se ao significante *security*.

> ...Most of all, we will serve the American people and uphold their right to a government that prioritizes their **security**, their prosperity, and their interests...

> ...democratic principles, and shared **security** partnerships...

> ...They subsidized their industries, forced technology transfers, and distorted markets. These and other actions challenged America's economic **security**...

> ...China and Russia challenge American power, influence, and interests, attempting to erode American **security** and prosperity...

> ...a stable international economic system rooted in American principles of reciprocity, free markets, and free trade served our economic and **security** interests...

> ...American prosperity and **security** are challenged by an economic competition playing out in a broader strategic context...

> China is using economic inducements and penalties, influence operations, and implied military threats

> *to persuade other states to heed its political and **security** agenda...*

> *...During the Trump Administration, the American people can be confident that their **security** and prosperity will always come first...*

> *...Beijing refuses to honor its commitment to provide travel documents for Chinese citizens with orders of removal from the United States in a timely and consistent manner, effectively blocking their removals from our country and creating **security** risks for American communities...* (Trump, 2017; United States. White House, 2020; Biden, 2022, grifo nosso).

O significante flutuante seguinte da prática articulatória a ser apresentado é o termo *trade*, vejamos:

> *...Unfair **trade** practices had weakened our economy and exported our jobs overseas...*

> *...We are enforcing our borders, building **trade** relationships based on fairness and reciprocity...*

> *...The United States consolidated its military victories with political and economic triumphs built on market economies and fair **trade**...*

> *...We will rejuvenate the American economy for the benefit of American workers and companies. We will insist upon fair and reciprocal economic relationships to address **trade** imbalances...*

> *...In **trade**, fair and reciprocal relationships benefit all with equal levels of market access and opportunities for economic growth. An America First National Security Strategy appreciates that America will catalyze conditions to unleash economic success for America and the world...*

> *...The United States will counter all unfair **trade** practices that distort markets using all appropriate means, from dialogue to enforcement tools....*

> *...Fair and reciprocal **trade**, investments, and exchanges of knowledge deepen our alliances and partnerships, which are necessary to succeed in today's competitive geopolitical environment...*
>
> *...China's infrastructure investments and **trade** strategies reinforce its geopolitical aspirations...*
>
> *...Our vision for the Indo-Pacific excludes no nation. We will redouble our commitment to established alliances and partnerships, while expanding and deepening relationships with new partners that share respect for sovereignty, fair and reciprocal **trade**, and the rule of law...*
>
> *...Our whole-of-government approach supports fair **trade** and advances United States competitiveness, promotes United States exports, and breaks down unjust barriers to United States trade and investment...*
>
> *...For those unfair Chinese **trade** practices that are subject to dispute settlement at the WTO, the United States continues to pursue and win multiple cases. Finally, to crack down on China's dumping and subsidies across a broad range of industries, the Department of Commerce is making greater utility of United States antidumping and countervailing duties laws than in past administrations...* (Trump, 2017; United States. White House, 2020; Biden, 2022, grifo nosso).

Em seguida, o conjunto de significantes flutuantes escolhidos foi o termo *unfair*. Este foi bastante utilizado por Trump, conforme visualizado nos *tweets* dele. Nos documentos, Trump também fez uso desse termo, o qual ganhou, dentro do contexto da política externa dos Estados Unidos para a China, o significado de uma concorrência desleal e injusta da China ante os Estados Unidos. De outra forma, Trump se utilizou desse termo linguístico fornecendo o significado de uma China desestabilizadora da hegemonia global norte-americana no século XXI.

Destaca-se ainda importância que o termo *unfair* teve durante os discursos de Trump, já que o utilizou sucessivas vezes. A palavra destaca, ainda, a posição de privilégio de homem branco e rico que

Trump desfrutou ao longo da sua trajetória. De outro modo, Trump o utilizou como recurso a partir do seu ponto de vista particular, já que o mundo, sobretudo a China, não estava funcionando de acordo com suas expectativas. Isso significa que, se não houve ganhos pessoais para quem sempre desfrutou de privilégios, o mundo estava agindo em deslealdade aos Estados Unidos, sendo, portanto, um julgamento de valor realizado por Trump. Desse modo, se a China estava agindo por meio de uma concorrência comercial considerada *unfair* por Trump, por definição a China estava errada e por inferência os Estados Unidos estavam certos, portanto, eram justos no que se relaciona à concorrência comercial.

> ...*Unfair* trade practices had weakened our economy and exported our jobs overseas...

> ...*Unfair* burden-sharing with our allies and inadequate investment in our own defense had invited danger from those who wish us harm...

> ...We have also continued to make clear that the United States will no longer tolerate economic aggression or *unfair* trading practices...

> ...The United States must preserve our lead in research and technology and protect our economy from competitors who *unfairly* acquire our intellectual property...

> ...The U.S. trade deficit grew as a result of several factors, including *unfair* trading practices...

> ...For decades, the United States has allowed *unfair* trading practices to grow. Other countries have used dumping, discriminatory non-tariff barriers, forced technology transfers, non-economic capacity, industrial subsidies, and other support from governments and state-owned enterprises to gain economic advantages...

> ...The United States will counter all *unfair* trade practices that distort markets using all appropriate means, from dialogue to enforcement tools...

> ...Every year, competitors such as China steal U.S. intellectual property valued at hundreds of billions of dollars.

> *Stealing proprietary technology and early-stage ideas allows competitors to **unfairly** tap into the innovation of free societies...*

> *...For those **unfair** Chinese trade practices that are subject to dispute settlement at the WTO, the United States continues to pursue and win multiple cases...* (Trump, 2017; United States. White House, 2020; Biden, 2022, grifo nosso).

Com efeito, percebe-se que os termos *American, economic, trade, security* e *unfair* ganharam enorme aplicabilidade dentro do contexto Trump, visto que foram empregados em consonância e em articulação discursiva conjunta com a finalidade de construir uma coletividade norte-americana única e homogênea em relação à China e a política externa dos Estados Unidos contra o país asiático durante o governo Trump. Destaca-se, ainda, analisando a amostra apresentada, o discurso de que o *unfair trade* foi construído devido à suposta "negligência" dos governos anteriores, e que, com o governo Trump, essa posição não será mais admitida e, portanto, ele é o único capaz de lidar e combater a China dentro do sistema internacional.

Diante do exposto até o momento, mais dois significantes flutuantes se destacaram em consonância aos já apresentados nesta subseção. Desse modo, a seguir serão apresentados mais dois significantes flutuantes essenciais neste contexto da construção narrativa de Trump, são eles: *world* e *China*.

> *...The United States faces an extraordinarily dangerous **world**, filled with a wide range of threats that have intensified in recent years...*

> *...The whole **world** is lifted by America's renewal and the reemergence of American leadership...*

> *...After one year, the **world** knows that America is prosperous, America is secure, and America is strong...*

> *...We will bring about the better future we seek for our people and the **world**, by confronting the challenges and*

> *dangers posed by those who seek to destabilize the world and threaten America's people and interests...*
>
> *...advancing American influence in the **world**...*
>
> *...Putting America first is the duty of our government and the foundation for U.S. leadership in the **world**...*
>
> *...A strong America is in the vital interests of not only the American people, but also those around the **world** who want to partner with the United States in pursuit of shared interests, values, and aspirations."*
>
> *...Promoting American prosperity makes America more secure and advances American influence in the **world**...*
>
> *...We can do this—for our future and for the **world**...*
> (Trump, 2017; United States. White House, 2020; Biden, 2022, grifo nosso).

Constata-se que o significante flutuante *world* é utilizado como forma de reproduzir o discurso da ameaça não só para os Estados Unidos, mas sim para o mundo. Desse modo, Trump tentou universalizar a ameaça chinesa diante do mundo, dado que a mesma teria implicações no âmbito internacional, uma vez que a China era desonesta, de acordo com o ex-presidente. Em outras palavras, Trump fez uso do termo *world* com a finalidade de realizar o discurso securitizador não somente no âmbito da política doméstica norte-americana, mas também no âmbito da política internacional. Em vista disso, o último significante flutuante a ser analisado da amostra aqui será *China*, vejamos:

> *...**China** and Russia challenge American power, influence, and interests, attempting to erode American security and prosperity...*
>
> *...A central continuity in history is the contest for power. The present time period is no different. Three main sets of challengers—**the revisionist powers of China**... actively competing against the United States and our allies and partners...*

...China and Russia want to shape a world antithetical to U.S. values and interests...

...China seeks to displace the United States in the Indo-Pacific region, expand the reaches of its state-driven economic model, and reorder the region in its favor...

...For decades, U.S. policy was rooted in the belief that support for China's rise and for its integration into the post-war international order would liberalize China...

...Contrary to our hopes, China expanded its power at the expense of the sovereignty of others. China gathers and exploits data on an unrivaled scale and spreads features of its authoritarian system, including corruption and the use of surveillance...

...China and Russia began to reassert their influence regionally and globally...

...China, for example, combines data and the use of AI to rate the loyalty of its citizens to the state and uses these ratings to determine jobs and more...

...China and Russia target their investments in the developing world to expand influence and gain competitive advantages against the United States. *China* is investing billions of dollars in infrastructure across the globe...

...China has mounted a rapid military modernization campaign designed to limit U.S. access to the region and provide *China* a freer hand there. *China* presents its ambitions as mutually beneficial, but Chinese dominance risks diminishing the sovereignty of many states in the Indo-Pacific. States throughout the region are calling for sustained **U.S. leadership** in a collective response that upholds a regional order respectful of sovereignty and independence...

...The People's Republic of China harbors the intention and, increasingly, the capacity to reshape the international... (Trump, 2017; United States. White House, 2020; Biden, 2022, grifo nosso).

testadora da ordem internacional hegemônica dos Estados Unidos, conforme grifado. Desse modo, constata-se que a China é identificada e referenciada como uma ameaça à política internacional. Portanto, sob essa justificativa, Trump a inseriu nos documentos de defesa nacional de forma direta por meio da prática discursiva articulatória da linguagem, de acordo com o apresentado nesta subseção à luz da amostra analisada. Por fim, enfatiza-se que dois pronomes foram recorrentemente usados como forma de articulação com a finalidade de criar uma coletividade homogênea na sociedade norte-americana e nos demais países no sistema internacional de que a China é o "Outro". Dessa forma, justifica-se que não se referenciaram os pronomes *our* e *we*, em razão de os mesmos estarem presentes em todos os recortes da amostra aqui demonstrados, evitando-se, portanto, a repetição.

Figura 30 – A retórica de enfrentamento entre EUA e China

Fonte: Mesquita (2020)

Em vista disso, conclui-se que os significantes flutuantes identificados como dominantes na articulação com a China são autorreferentes, na medida em que os Estados Unidos serão o provedor da segurança, prosperidade e estabilidade, enquanto a China promoverá o inverso. Diante disso, a última subseção do presente trabalho se destinará a compreender e ilustrar como essa articulação discursiva foi reproduzida pelas agências do governo, dado que essa articulação linguística se tornou uma política pública com a criação dos documentos oficiais.

4.3 A reprodução da articulação discursiva nas demais esferas governamentais domésticas

Em consonância com o exposto até o presente momento, verificou-se que, ao longo do governo Trump, a China foi discursivamente apresentada como séria ameaça à manutenção da hegemonia norte-americana no ordenamento internacional. Teria ocorrido uma mudança do *status* da China de mera adversária comercial – especialmente durante o período Clinton e W. Bush – para inimiga a ser combatida e derrotada em futuro próximo, de acordo com o que foi demonstrado na subseção anterior nos documentos oficiais do governo.

Com efeito, analisando a ascensão de Trump à Casa Branca, houve um aumento da visão negativa acerca da China dentro do país. O *Pew Research Center* (2020) realizou um *survey* sobre o aumento dessa visão negativa acerca da China abrangendo o governo Trump. De acordo com os resultados,

> Os americanos também foram questionados se consideram a condição da economia global uma ameaça maior, menor ou não uma ameaça para os EUA. Aqueles que veem as condições econômicas como uma ameaça maior têm 15 pontos percentuais mais probabilidade de ver o poder e a influência da China como uma ameaça significativa do que aqueles que se sentem menos ameaçados pela situação econômica global (71% *vs.* 56%) (Pew Research Center, 2020).

Corroborando a hipótese aqui levantada, concluiu-se que a visão da China como uma ameaça teve um significativo aumento desde a ascensão de Trump à Casa Branca, conforme depreende-se da imagem a seguir (Figura 31).

Figura 31 – O crescimento da visão negativa da China como ameaça ao EUA

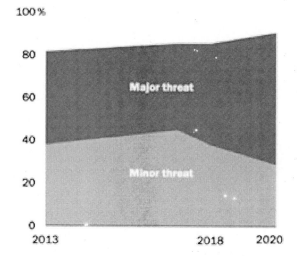

Fonte: Pew Research Center (2020)

Desse modo, observou-se que a visão negativa sobre a China foi crescendo significativamente no governo Trump, e, à luz da análise do documento do governo Biden, detectou-se também que a retórica permaneceu no governo norte-americano, assim como no âmbito internacional. Diante disso, a presente subseção terá como objetivo verificar de que maneira a articulação discursiva de Trump teve reprodução em outras agências do governo, bem como pela opinião pública, o que a caracteriza como a transformação da prática discursiva para o contexto da política pública. De outra forma, reconhece-se que a retórica de Trump adentrou tanto nas demais esferas do governo como na opinião pública, conforme será demonstrado nesta última subseção, cumprindo o papel que este trabalho teve como propósito.

Assim, a primeira reprodução da articulação discursiva de Trump a ser destacada será do Departamento de Justiça dos Estados Unidos (*Departament of Justice*, DOJ, em inglês). Ressalta-se que, em resposta ao discurso de Trump, identificou-se que algumas medidas foram tomadas pelos departamentos ligados ao governo. Com isso, o Departamento de Justiça, conjuntamente com o Departamento Federal de Investigação (Federal Bureau of Investigation, FBI, em inglês), iniciou uma investigação a respeito do roubo de segredos comerciais, a espionagem econômica e as ameaças à cadeia de suprimento norte-americana por meio de investimentos estrangeiros da China, com o objetivo de dissuadir a economia norte-americana. Em complemento, exemplifica-se que

> O DOJ informou a CGTN-America, empresa de mídia estatal da RPC, sobre sua obrigação de se registrar como agente estrangeiro, conforme especificado na Lei de Registros de Agentes Estrangeiros (FARA), que obriga os registrantes a divulgarem suas atividades às autoridades federais e rotular adequadamente os materiais informativos que distribuem (United States. White House, 2020, p. 9-10).

A retórica de Trump mobilizou de forma conjunta diferentes setores do departamento do governo para combater narrativas oriundas da China que pudessem ser consideradas prejudiciais aos interesses dos Estados Unidos, a fim de construir na população norte-americana a percepção de que estava sob ameaça chinesa. Isso significa que Trump fez uso de mecanismo das agências governamentais para reforçar seu discurso contra a China enfatizando que os cidadãos norte-americanos estavam sendo explorados pelo país asiático, que possui interesses e valores antagônicos aos norte-americanos, os quais foram representados na subseção anterior como *Americans*. Desse modo,

> O governo também está respondendo à propaganda do PCC nos Estados Unidos, destacando o comportamento maligno, combatendo as falsas narrativas e exigindo transparência. As autoridades dos Estados Unidos, incluindo as da Casa Branca e dos Departamentos de Estado, Defesa e Justiça, estão liderando os esforços para educar o público americano sobre a exploração do governo da RPC de nossa sociedade livre e aberta para promover uma agenda do PCC contrária aos interesses e valores dos Estados Unidos. Em um esforço para obter reciprocidade de acesso, o Departamento de Estado implementou uma política que exige que os diplomatas chineses notifiquem o governo dos Estados Unidos antes de se reunirem com autoridades governamentais estaduais e locais e instituições acadêmicas (United States. White House, 2020, p. 10).

Assim, a narrativa construída durante o governo Trump foi constatada no presente trabalho como a forma de construção de uma coletividade homogênea ante a ameaça da China. Dessarte, o conjunto de significantes flutuantes evidenciou-nos que houve um discurso dominante de que os Estados Unidos serão o provedor da segurança, prosperidade e estabilidade, enquanto a China promoverá o inverso.

Além disso, nota-se que mesmo após o fim do governo Trump, a percepção da China como uma ameaça permaneceu, não somente na visão dos Estados Unidos como também de diferentes atores internacionais. Desse modo, o The German Marshall Fund (2023), que realiza anualmente um *survey* sobre as principais tendências no âmbito da política internacional, não por acaso indica que, nos últimos anos, a China tem aparecido nas pesquisas recorrentemente. Com isso, de acordo com a pesquisa deste ano, passados os anos do governo Trump, identificou-se que a visão negativa sobre a China continuou na retórica dos Estados Unidos, bem como dos demais países. Portanto, infere-se que o discurso securitizador realizado por Trump não se limitou ao seu governo. Isso significa que houve uma mudança estrutural na política dos Estados Unidos e, consequentemente, na política internacional. Com efeito,

> A opinião pública transatlântica sobre o relacionamento com a China mudou pouco desde 2022. Persiste uma divisão significativa na descrição do relacionamento, refletindo sua complexidade. Em média, uma pluralidade de entrevistados (31%) vê a China como concorrente. Menos de um quarto (23%) a vê como parceira, e cerca de um em cada cinco (19%) a vê como rival. Os entrevistados dos EUA têm maior probabilidade de descrever o relacionamento de seu país com a China como uma rivalidade (34%). Na Romênia, 45% dos entrevistados veem a China como parceira. A percepção da China como concorrente é mais alta na Alemanha (44%), França (40%), Itália (39%) e Espanha (38%). De modo geral, uma parcela considerável dos entrevistados (27%) afirma não saber se a China é um parceiro, concorrente ou rival para seu país. A incerteza é maior na Suécia e na Lituânia (ambas com 40%), seguidas pela Polônia (37%) (Scheffer; Quencez; Weber, 2023, p. 46).

Desse modo, a visão predominante do governo Trump em diante é de que a China é um competidor global que objetiva a desestabilização do sistema internacional ocidental.

Figura 32 – A visão sobre a ameaça da China ao sistema internacional em 2023

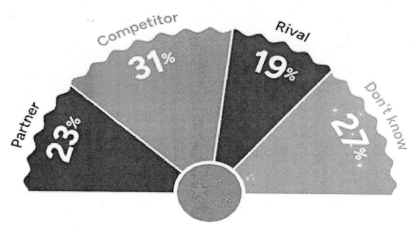

Fonte: Scheffer, Quencez e Weber (2023, p. 46)

Como pudemos ver neste capítulo, constatou-se que, durante o governo Trump, houve um discurso securitizador no âmbito da política doméstica e externa dos Estados Unidos em relação à China. Nesse contexto, percebeu-se que o discurso defendido por Trump se caracterizou e materializou na sociedade norte-americana, em razão da associação à economia. De outra forma, Trump utilizou-se de questões econômicas internas como forma para justificar a crise econômica nos Estados Unidos e, por consequência, responsabilizar a China pelos efeitos. Portanto, infere-se que a construção da articulação discursiva de Trump teve como base a crise econômica que transbordou para outros setores dos Estados Unidos, como a segurança nacional.

Frisa-se ainda que o discurso de Trump foi marcado por alguns termos em relação à China, conforme ilustrado na penúltima subseção deste capítulo. O primeiro que a China era desleal nas suas negociações, sobretudo no que tange ao comércio internacional. Por consequência, Trump fez uso constante do termo *unfair*, sob a justificativa que a China estava errada em sua conduta na política internacional. Dessarte, diante disso, inferiu-se que, por oposição direta, os Estados Unidos eram justos e desfrutavam da conduta positiva, portanto o que caracterizava a China como o "Outro" no sistema internacional. Diante da crise estabelecida por Trump, a China passou a ser qualificada como uma ameaça à segurança dos Estados Unidos e, consequentemente, à segurança internacional, já que o discurso de Trump tentou universalizar a ameaça chinesa.

Vimos também que o discurso transbordou para as principais burocracias do aparato estatal dos Estados Unidos, como no Departamento de Justiça, no Departamento de Estado, no Departamento de Defesa, no FBI, entre outras burocracias. Além disso, observamos também que a opinião pública reagiu ao discurso securitizador das relações econômicas entre Estados Unidos e China, conforme a citada pesquisa realizada pelo *Pew Research Center* evidenciou. Desse modo, nota-se que a articulação discursiva realizada por Trump transbordou por diferentes setores, os quais, sobretudo a opinião pública, aumentaram sua visão negativa sobre a China.

Desse modo, após a comprovação de que houve o discurso securitizador de Trump em relação à China como este trabalho se dispôs a examinar, é possível confirmar a hipótese inicial de que, ao longo do governo Trump, houve a utilização de uma retórica securitizatória que construiu um discurso sobre a China como potência contestadora e que constituiria uma ameaça à segurança norte-americana. Trump utilizou um conjunto de significantes flutuantes, conforme destacados ao longo do trabalho, de forma a acionar no imaginário coletivo da sociedade norte-americana um significado específico sobre a China, ou seja, uma China ameaçadora, contestadora do sistema internacional. Assim, foi possível legitimar, tornar aceitável, uma política externa em relação a China bem diferente da construída desde Clinton, conforme ilustrado no presente trabalho. Assim, constata-se que o discurso securitizador acionou os imaginários coletivos da sociedade norte-americana atribuindo um significado à China que legitimou uma nova política externa em relação àquele país.

5

CONSIDERAÇÕES FINAIS

Ao longo dos últimos setenta anos, as relações entre Estados Unidos e China oscilaram entre contenção e cooperação, conforme demonstrado ao longo desta pesquisa. O momento-chave foi o ano de 1949, quando a China sofreu uma mudança de regime, tornando-se a República Popular da China após a Revolução Chinesa no país liderada por Mao Zedong. Diante disso, no mesmo ano, os Estados Unidos romperam as relações diplomáticas com a China. Com efeito, nos anos subsequentes, com a China já comunista, os Estados Unidos tinham como objetivo atrasar a modernização do país asiático. Assim, ela foi vista inicialmente como uma inimiga no contexto de uma Guerra Fria com combate ao comunismo.

A década de 1960 foi de grande relevância para o início de uma normalização entre esses dois países. Desse modo, até 1969, as relações sino-americanas eram consideradas hostis e foi no governo Nixon que elas foram reconfiguradas. Assim, o governo Nixon desempenhou um papel importante para modernizar e trazer a China para o sistema internacional. Dessa forma, sob a liderança seu assessor de Segurança Nacional, Kissinger, Nixon lançou a chamada Diplomacia Triangular, que tinha como objetivo trazer a China para dentro do sistema internacional e, portanto, fazer a triangulação entre Estados Unidos, China e União Soviética dentro da lógica da Guerra Fria. Kissinger entendia que atrair a China para o sistema internacional reduziria os efeitos da bipolaridade trazendo, portanto, maior estabilidade para o sistema internacional.

Com o sucesso da Diplomacia Triangular de Kissinger[21], as relações sino-americanas entraram em outro período; os anos de

---

[21] Que recebeu um prêmio Nobel da Paz pela iniciativa.

1980 foram considerados o "período de ouro" das relações entre Estados Unidos e China, devido aos avanços econômicos e a abertura da economia chinesa para o sistema internacional. Ademais, a China recebeu tratamento de nação mais favorecida nas negociações bilaterais no que se referia à agenda comercial já no governo Clinton. No entanto, a relação entre os dois países foi abalada ao final da década de 1980, por efeito do episódio da Praça da Paz Celestial (1989), no governo George H. W. Bush.

O governo Bill Clinton retornou à tentativa de aproximação da China com o sistema financeiro liberal. Dessa forma, o governo Clinton foi significativo para o processo de integração da China ao sistema internacional, dado que esse processo culminou, em 2001, na entrada formal do país na Organização Mundial do Comércio. A década de 1990 foi marcada pelo aprofundamento das relações entre Estados Unidos e China, sobretudo no aspecto comercial. Dessa forma, nota-se que os Estados Unidos passaram a perceber a ascensão do poder econômico chinês. Com efeito, o governo Clinton iniciou o processo de reaproximação com a China via aspecto comercial com o objetivo de trazê-la para o "jogo ocidental", bem como identificou-se à época que essa reaproximação entre os dois países era um elemento primordial para a promoção da democracia pelo mundo.

Aqui, faz-se pertinente destacar que a China, dentro do discurso dos líderes norte-americanos desde Nixon até Trump, apesar de diferentes retóricas e partidos políticos, é sempre simbolizada como um objeto sem agência própria. Em outras palavras, os Estados Unidos se apropriam da retórica discursiva de que foram os responsáveis pela inserção da China no contexto internacional. O discurso sempre coloca o país asiático na posição de objeto: que a China ascendeu economicamente devido ao empenho dos EUA em ajudá-la a se desenvolver ao longo dos últimos anos. Desse modo, percebe-se que se retira agência da China, colocando-a somente como objeto, nunca como sujeito de seu próprio desenvolvimento.

Além disso, a representação da China como ator sem agência não reconhece os esforços chineses realizados desde sua abertura econômica e política a partir do final da década de 1970 por meio dos seus sucessivos planejamentos com base nos planos quinquenais do Partido Comunista Chinês. Com isso, constata-se que os Estados Unidos não reconhecem os esforços chineses. A invisibilização da agência da China produz sua outrificação, construindo um Outro sem agência. Ao mesmo tempo, o sucesso do desenvolvimento chinês somente teria sido possível dentro do modelo de regime político autoritário, capaz de permitir o necessário planejamento vertical que resultou na Grande China dos dias de hoje. Dessa forma, conclui-se que, retoricamente, os Estados Unidos negam agência à China, e colocam a si próprios como responsáveis pelo crescimento dela.

O governo Bush teve como premissa para a política externa norte-americana a manutenção do poderio norte-americano como única superpotência. Nesse contexto, ante os desafios impostos pelo governo norte-americano, após os ataques de 11 de setembro e da percepção de ascensão da China no sistema internacional, o governo Bush lançou uma política direcionada para a Ásia. Essa política teve como objetivo conter a China tanto no âmbito internacional quanto regional asiático.

No governo Obama, o ambiente político dos Estados Unidos ainda era pautado pela Guerra ao Terror, ao mesmo tempo que identificava a expansão militar, econômica e tecnológica da China. Nesse sentido, o governo Obama lançou a política denominada "Pivô para a Ásia". Essa política era uma estratégia direcionada para a região asiática, porém não colocava a China de forma assertiva como um Estado inimigo em potencial para os Estados Unidos. Desse modo, atenta-se que, apesar de críticos à China, os governos norte-americanos anteriores a Trump sinalizaram-na como uma adversária econômica, e não como inimiga.

No entanto, o governo Trump iniciou o processo de modificação dessa visão perante a China, já que Trump a partir da sua candidatura passou a investir na retórica de que o país asiático era inimigo dos Estados Unidos. Esse processo é o que entendemos nesta pesquisa como um processo de securitização das relações econômicas com a China. Nesse sentido, entende-se que o governo Trump rompeu com a visão sobre a China que predominou desde o governo Clinton, de que o objetivo era de contenção do país de forma "pacífica", já que não era visto como uma ameaça à segurança norte-americana. Assim, diante da exposição da problemática na relação entre Estados Unidos e China, a presente pesquisa buscou responder à seguinte pergunta de partida: como foi possível securitizar as relações comerciais com a China durante o governo Trump (2017-2021) e quais são os impactos dessa securitização?

Como resposta inicial à pergunta de partida, foi proposto que, ao longo do governo Trump, houve a utilização de uma retórica securitizante que construiu um discurso sobre a China como potência contestadora e ameaça à segurança norte-americana. Nesse sentido, a China tem sido discursivamente apresentada como séria ameaça à manutenção da hegemonia norte-americana no sistema internacional, o que teria provocado uma mudança de seu *status* de mera adversária comercial – especialmente durante o período Clinton e W. Bush – para inimiga a ser combatida e derrotada em futuro próximo. Assim, com o objetivo de comprovar a hipótese da pesquisa, este trabalho foi dividido em três capítulos.

No primeiro capítulo demonstramos o histórico da relação entre Estados Unidos e China desde 1949, evidenciando as principais transformações que ocorreram nos diferentes governos norte-americanos. Desse modo, verificou-se que desde Nixon houve tentativas de reaproximação com a China por meio da agenda econômica. Porém, verificou-se que nenhum governo anterior a Trump colocou a China como potencial inimiga dos Estados Unidos, e sim como uma adversária a ser combatida de forma "pacífica" no sistema internacional.

O segundo capítulo realizou uma revisão de literatura do conceito de securitização e, consequentemente, da Escola de Copenhague, na qual o conceito está inserido. Além disso, evidenciaram-se os limites teóricos e críticos da teoria da securitização. A partir dessa contextualização e do entendimento da dimensão econômica de segurança, foi apresentado o uso da economia como ferramenta de guerra por meio de exemplos históricos com a finalidade de demonstrar que não foi uma ferramenta de uso exclusivo de Trump com as aplicações de sanções à China durante seu governo. Por fim, realizaram-se considerações metodológicas sobre a amostra dos discursos de Trump no Twitter sobre a China, caracterizando o movimento de securitização que aconteceu durante o seu governo.

No último capítulo investigamos os documentos oficiais produzidos durante o governo Trump. Para isso, foram analisados três documentos, a saber: as *National Security Strategy of the United States of America* (2017, 2022) e *United States Strategic Approach to the People's Republic of China* (2020). Assim, para a análise desses documentos com o objetivo de comprovar a hipótese proposta nesta pesquisa, foi realizada uma revisão de literatura sobre a Análise de Discurso, sobretudo o método desenvolvido por Laclau e Mouffe (1985) do mapeamento dos significantes flutuantes. Após a realização do mapeamento desses significantes flutuantes nos documentos oficiais norte-americanos, pudemos confirmar a reprodução da articulação discursiva produzida nas demais esferas governamentais domésticas dos Estados Unidos.

Com base nos resultados, podemos agora confirmar a hipótese inicial de que, ao longo do governo Trump, houve a utilização de uma retórica securitizante que construiu um discurso sobre a China como potência contestadora e como ameaça à segurança norte-americana, e consequentemente a segurança internacional confirmou-se. Assim, foi possível constatar que Trump difundiu um discurso que possui significantes flutuantes atribuídos à China como ameaça para a formulação da política externa dos Estados Unidos com o país asiático. Dentre esse discurso alguns termos-chave se apresentaram como essenciais para a difusão do discurso sobre a China, como *unfair, world, China, trade, security, economy, American,* entre outros. Desse modo, identifica-se que esse discurso securitizador foi incorporado em documentos oficiais de segurança, foi reproduzido pelas principais burocracias e também provocou que a opinião pública passasse a interpretar a China como uma ameaça, *vide* os resultados da pesquisa de opinião.

Ainda que o processo de securitização realizado por Trump tenha alcançado êxito, o padrão comercial entre Estados Unidos e China se manteve relativamente inalterado. O volume do comércio bilateral não se alterou devido à retórica securitizante feita por Trump. Desse modo, observa-se que, apesar dos significantes flutuantes que articulam a China como ameaça, os padrões comerciais bilaterais permaneceram estáveis.

A análise dos significantes flutuantes sinalizou para a importância de alguns significantes. O primeiro deles foi o termo *American* na tentativa de construir uma lógica de coletividade que está em perigo face ao crescimento chinês. Outro significante levantado foi *economic,* já que Trump utilizou esse significado para atribuir à China a responsabilidade pelos problemas econômicos domésticos. Além disso, outro significante flutuante identificado ao longo da pesquisa foi o uso do termo *unfair.* Esse significante transmite o significado de desleal, sendo, portanto, um comportamento negativo que deve ser punido. Nesse sentido, o "Outro" que é *unfair* é utilizado por Trump como artimanha atribuindo à China um comportamento negativo. Por outro lado, *unfair* também é fruto de uma posição de privilégio, caracterizando-se como uma estratégia de Trump para atribuição de uma conotação negativa, especialmente sobre o comportamento chinês. Dessa forma, Trump fez uso desse termo como fonte para justificar que a China era desestabilizadora da hegemonia global norte-americana no século XXI.

Finalmente, destacamos que o processo de securitização das relações econômico-comerciais entre EUA e China continuou para além do governo Trump, findo em janeiro de 2021. Sob Joe Biden (2021-presente), eleito pelo Partido Democrata, é possível identificar a continuidade da dinâmica securitizante. A competição entre EUA e China apenas se acirra. Em abril de 2024, o Senado (de maioria democrata) aprovou de forma definitiva uma lei que pretende obrigar a venda do aplicativo TikTok[22] a norte-americanos sob pena de banimento total. De acordo com a nova legislação, a empresa chinesa

---

[22] O TikTok é um aplicativo de compartilhamento de vídeos controlado pela chinesa ByteDance.

terá 270 dias para vender o aplicativo a capital norte-americano. O principal argumento utilizado foi de que o aplicativo constituíra uma ameaça à segurança nacional. A lei foi sancionada sem vetos por Biden no dia seguinte.

Considerando o recorte temporal selecionado, alguns aspectos deixaram de ser abordados. Teria sido interessante trazer para análise o governo Clinton ou o governo Obama, de forma a alargar o recorte temporal para pesquisa. Outro aspecto não considerado, em razão da limitação da pesquisa, foi explorar se o discurso securitizador de Trump de que a China é uma ameaça à estabilidade do sistema internacional foi reproduzido pelos aliados dos Estados Unidos. Por fim, considera-se que outras perguntas ficaram para investigações futuras. A primeira refere-se à triangulação entre Estados Unidos, China e América Latina, indagando qual seria a posição do Brasil e do México, por exemplo, em relação à rivalidade entre Estados Unidos-China, assim como identificar os impactos específicos para a política externa brasileira. Ainda: quais foram os impactos da política externa norte-americana nos documentos de defesa dos aliados históricos dos Estados Unidos, como Canadá, Reino Unido, os aliados da Otan? Vale também investigar se esse discurso securitizador sobre a China permaneceu durante o governo Biden. Em caso positivo: quais foram os impactos e políticas em relação à China no governo Biden?

REFERÊNCIAS

ADLER, David E. Why "Economic Security" became magic words in Japan. **Foreign Policy**, 2023. Disponível em: https://foreignpolicy. com/2023/01/20/japan-china-economic-security-strategic-threat/. Acesso em: 7 ago. 2023.

ALEXANDER, Kern. The origins and use of economic sanctions. *In*: ALEXANDER, Kern. **ECONOMIC sanctions**: law and public policy. London: Palgrave Macmillan UK, 2009. p. 8-29.

ALLEN-EBRAHIMIAN, Betânia. Special report: trump's U.S.-China transformation. Trump's U.S.-China transformation. **AXIOS**, 19 Jan. 2021. Disponível em: https://www.axios.com/2021/01/19/trump-china-policy-special-report. Acesso em: 16 ago. 2023.

ALLISON, Graham. **A caminho da guerra**: os Estados Unidos e a China conseguirão escapar da armadilha de Tucídides? Rio de Janeiro: Intrínseca, 2020. 416 p.

ARBAGE, Jorge. A Diplomacia Triangular: Nixon, Kissinger e a China. **Epígrafe**, São Paulo, v. 10, n. 2, p. 89-120, 13 jul. 2021. DOI: http://dx.doi. org/10.11606/issn.2318-8855.v10i2p89-120. Acesso em: 20 ago. 2023.

BADER, Jeffrey A. **Obama's China and Asia policy**: a solid double. A solid double. 2016. Disponível em: https://www.brookings.edu/articles/ obamas-china-and-asia-policy-a-solid-double/. Acesso em: 30 abr. 2024.

BBC NEWS. **When Kissinger went to China**: how henry kissinger's secret to trip china 50 years ago changed the cold war. How Henry Kissinger's secret to trip China 50 years ago changed the Cold War. 2021. The Documentary Podcast. Disponível em: https://www.bbc.co.uk/ programmes/p09l82jh. Acesso em: 26 abr. 2024.

BIDEN, Joseph Robinette. **National Security Strategy of the United States of America**. Washington D.C.: White House, 2022. Disponível

em: https://www.whitehouse.gov/wp-content/uploads/2022/10/Biden-
-Harris-Administrations-National-Security-Strategy-10.2022.pdf. Acesso
em: 6 mar. 2023.

BROWNING, Christopher S. Coming Home or Moving Home? "Wes-
ternizing" Narratives in Finnish Foreign Policy and the Reinterpretation
of Past Identities. **Cooperation and Conflict**, v. 37, n. 1, p. 47-72, 2002.

BUZAN, Barry; WAEVER, Ole; WILDE, Jaap. **Security**: a new framework
for analysis. [*S. l.*]: Lynne Rienner Publishers, 1998.

BUZAN, Barry; HANSEN, Lene. **A evolução dos Estudos de Segurança
Internacional**. São Paulo: Unesp, 2012. 576 p.

BYARUHANGA, Ronald. The impact of COVID-19 on securitisation
of migration and mobility in the United States. **European Journal Of
Social Sciences Studies**, v. 5, n. 6, p. 95-108, 2020.

CAMPBELL, David. Global inscription: how foreign policy constitutes
the United States. **Alternatives**, v. 15, n. 3, p. 263-286, 1990.

CAMPBELL, David. **Writing security**: United States foreign policy and
the politics of identity. Minneapolis: University of Minnesota Press, 1998a.

CAMPBELL, David. **National deconstruction**: violence, identity, and
justice in Bosnia. Minneapolis: University of Minnesota Press, 1998b.

COATES, Benjamin. **A century of sanctions**. [New York: *S. n.*], 2019.
Disponível em: https://origins.osu.edu/article/economic-sanctions-his-
tory-trump-global?language_content_entity=en. Acesso em: 4 set. 2023.

COHEN, Warren. I. **America's Response to China: a history of sino-
-american relations**. New York: Columbia University Press, 2020.

COOPER, Dale. The Trading with the Enemy Act of 1917 and synthetic
drugs: relieving scarcity, controlling prices, and establishing pre-marke-
ting licensing controls. **University Of Wisconsin Press**, Wisconsin,
v. 47, n. 2, p. 47-61, out. 2005. Disponível em: https://www.jstor.org/
stable/41112260. Acesso em: 11 set. 2023.

CORTINHAS, Juliano da Silva.; REIS, Yasmim. **Nova estratégia de Defesa dos EUA:** permanências, inovações e lições para o brasil. Permanências, inovações e lições para o Brasil. 2023. Disponível em: https://www.opeu.org.br/2023/02/02/nova-estrategia-de-defesa-dos-eua-permanencias-inovacoes-e-licoes-para-o-brasil/. Acesso em: 5 dez. 2023.

DER DERIAN, James. **Antidiplomacy:** spies, terror, speed, and war. Oxford: Basil Blackwell, 1992.

FAIRCLOUGH, Norman. **Discourse and Social Change.** Cambridge: Polity Press, 1992.

FAIRCLOUGH, Norman. **Critical discourse analysis:** the critical study of language. London: Longman, 1995.

FAIRCLOUGH, Norman. **Analyzing Discourse:** textual analysis for social research. London: Routledge, 2003.

HANANIA, Richard. Ineffective, immoral, politically convenient: america's on economic sanctions and what to do about it. **CATO Institute,** 18 Feb. 2020. Disponível em: https://www.cato.org/policy-analysis/ineffective-immoral-politically-convenient-americas-overreliance-economic-sanctions. Acesso em: 9 out. 2023.

HANSEN, Lene. Slovenian identity: State Building on the Balkan Border. **Alternatives,** v. 21, n. 4, p. 473-495, 1996.

HANSEN, Lene. The Little Mermaid's silent security dilemma and the absence of gender in the copenhagen school. **Millennium: Journal of International Studies,** v. 29, n. 2, p. 285-306, 2000.

HANSEN, Lene; WAEVER, Ole (ed.). **European integration and national identity:** the challenge of the Nordic States. London: Routledge, 2002.

HANSEN, Lene. **Security as Practice:** discourse analysis and the Bosnian War. London: Routledge, 2006.

HARDING, Harry. Has U.S. China Policy Failed? **The Washington Quarterly,** v. 38, n. 3, p. 95-122, 2015.

HASS, Ryan; DENMARK, Abraham. More pain than gain: how the us-china trade war hurt america. How the US-China trade war hurt America. **Brookings**, 7 Ago. 2020. Disponível em: https://www.brookings.edu/articles/more-pain-than-gain-how-the-us-china-trade-war-hurt-america/. Acesso em: 13 nov. 2023.

HOWELL, Alison; RICHTER-MONTPETIT, Melanie. Is securitization theory racist? Civilizationism, methodological whiteness, and antiblack thought in the Copenhagen School. **Security Dialogue**, v. 51, n. 1, p. 3-22, 2020.

H.R. 444 (106th): China Trade bill. **Govtrack**, 2000. Disponível em: https://www.govtrack.us/congress/bills/106/hr4444/text. Acesso em: 16 out. 2023.

IRFAN, Nimra; NAWAZ, Madiha; JAMIL, Sobia. US Economic Sanctions: a controversial Foreign Policy Tool in International Politics. **Global Economic Review**, n. 6, 2021.

IZECKSOHN, Vitor. **Estados Unidos**: uma história. São Paulo: Contexto, 2021. 176 p.

JOENNIEMI, Pertti. Europe changes: the nordic system remains? **Security Dialogue**, v. 21, n. 2, p. 205-217, 1990.

KISSINGER, Henry. **On China**. New York: The Penguin Press, 2011.

KISSINGER, Henry. **Ordem Mundial**. Trad. Claudio Figueiredo. Rio de Janeiro: Objetiva, 2015.

KOUDELA, Pál. A brief history of immigration in the United States. **West Bohemian Historical Review**, [S. l.], v. 3, n. 2, p. 43-62, 2013.

KURTZ, Annalyn; YELLIN, Tal. These 10 charts show how the economy performed under Trump versus prior presidents: president donald trump inherited a strong economy, and it continued to grow at a healthy rate during his first three years in office. then the covid-19 pandemic changed everything. **CNN Business**, 29 Oct. 2020. Disponível em: https://edition.cnn.com/interactive/2020/10/business/us-economy-trump-vs-other--presidents/. Acesso em: 13 nov. 2023.

LACLAU, Ernesto; MOUFFE, Chantal. **Hegemony and socialist strategy: Towards a radical democratic politics.** Londres: Verso Books, 1985.

LYNN-DOTY, Roxanne. Foreign policy as social construction: a post--positivist analysis of U.S. counterinsurgency policy in the Philippines. **International Studies Quarterly**, v. 37, p. 297-320, 1993.

MAGNOTTA, Fernanda Petená. **A política dos Estados Unidos para a China na América Latina no início do século XXI:** acomodação *versus* confrontação. 2019. Tese (Doutorado em Relações Internacionais) – Programa de Pós-Graduação em Relações Internacionais San Tiago Dantas, São Paulo, 2019.

MCGREGOR, Richard. **Nixon in China, 50 years on:** xi-putin friendship usups half a century of u.s. diplomacy. Xi-Putin friendship usups half a century of U.S. diplomacy. 2022. Disponível em: https://asia.nikkei.com/Spotlight/The-Big-Story/Nixon-in-China-50-years-on. Acesso em: 26 abr. 2024.

MENDES, Andressa Gabrielly de Lacerda. **Twitter, opinião pública e a guerra comercial com a China:** um estudo sobre a construção da agenda midiática por Donald Trump (2017-2021). 2021. Dissertação (Mestrado em Política Internacional) – Universidade Federal de Uberlândia, Uberlândia, 2021.

MENDONÇA, Filipe Almeida do Prado. **Entre a teoria e a história:** a política comercial dos Estados Unidos na década de 1980. 2009. 288 p. Dissertação (Mestrado em Relações Internacionais) – Universidade Estadual Paulista, São Paulo, 2009. Disponível em: http://hdl.handle.net/11449/131979. Acesso em: 4 out. 2023.

MENDONÇA, Felipe; THOMAZ, Lais Forti; LIMA, Thiago; VIGEVANI, Tullo. America first but not alone: uma (nem tão) nova política comercial dos estados unidos com Donald Trump. **Revista Tempo do Mundo**, v. 5, n. 1, p. 107-141, jan. 2019.

MESQUITA, Vespeiro de Fernão Lara. **China x EUA**: a guerra que veio para ficar 2020. Disponível em: https://vespeiro.com/tag/china-x-estados-unidos/#:~:text=%E2%80%9CEspecialistas%E2%80%9D%20da%20imprensa%20brasileira%20tratam,dom%C3%ADnio%20econ%-C3%B4mico%20no%20s%C3%A9culo%2021.. Acesso em: 26 abr. 2024.

MOTTA, Bárbara Vasconcellos de Carvalho. **Securitização e política de exceção**: o excepcionalismo internacionalista norte-americano na segunda guerra do Iraque. São Paulo: Editora Unesp, 2018.

MYERS, Joe. **More than 30 years of US tarde with China, in one chart**. 2019. Disponível em: https://www.weforum.org/agenda/2019/05/more-than-30-years-of-us-trade-with-china-in-one-chart/. Acesso em: 27 out. 2023.

NABERS, Dirk. Filling the Void of Meaning: Identity Construction in U.S. Foreign Policy After September 11, 2001. **Foreign Policy Analysis**, v. 5, n. 2, p. 191-214, 2009.

NEUMANN, Iver B. Collective identity formation: self and other in international relations. **European Journal of International Relations**, v. 2, n. 2, p. 139-174, 1996.

O'TOOLE, Brian. Sanctions are effective: if used correctly. if used correctly. **Atlantic Council**, 4 Nov. 2019. Disponível em: https://www.atlanticcouncil.org/blogs/new-atlanticist/sanctions-are-effective-if-used-correctly/. Acesso em: 20 out. 2023.

O'TOOLE, Brian; SULTOON, Samantha. **Sanctions explained**: how a foreign policy problem becomes a sanctions program. How a foreign policy problem becomes a sanctions program. 2019. Disponível em: https://www.atlanticcouncil.org/commentary/feature/sanctions-explained-how-a-foreign-policy-problem-becomes-a-sanctions-program/. Acesso em: 18 out. 2023.

PECEQUILO, Cristina Soreanu. **A política externa dos Estados Unidos**. Porto Alegre: Editora da UFRGS, 2003. 365 p.

PECEQUILO, Cristina Soreanu. **Os Estados Unidos e o século XXI**. Rio de Janeiro: Elsevier, 2013.

PECEQUILO, Cristina Soreanu. Prefácio. *In*: LEITE, Lucas Amaral Batista. **O império hesitante**: a ascensão americana no cenário internacional. Curitiba: Appris, 2023. 391p.

PEW RESEARCH CENTER. **U.S. Views of China increasingly negative amid coronavírus outbreak**. Washington D.C.: Pew Research Center, 2020. 25 p. Disponível em: https://www.pewresearch.org/global/2020/04/21/u-s-views-of-china-increasingly-negative-amid-coronavirus-outbreak/. Acesso em: 21 mar. 2023.

PINN, Ingram. **Ingram Pinn's illustration of the week**: trade wars. Trade Wars. 2018. Disponível em: https://www.ft.com/content/1fde8e-3c-38f6-11e8-8eee-e06bde01c544. Acesso em: 26 abr. 2024.

PONTES, Rúbia Marcussi. Barack Obama e Donald Trump: a China na grande estratégia dos Estados Unidos (2009-2019). **Estudos Internacionais: Revista de Relações Internacionais da PUC Minas**, v. 9, n. 4, p. 131-149, 2021.

RENNACK, Dianne E. China: U.S. Economic Sanctions. *In*: CONGRESSIONAL RESEARCH SERVICE, 1., 1997. **Report** [...]. [Washington, D.C.: *S. n.*], 1997.

RESENDE, Erica Simone Almeida. **Americanidade, puritanismo e política externa**: a (re) produção da ideologia puritana e a construção da identidade nacional nas práticas discursivas da política externa norte-americana. Rio de Janeiro: Contra Capa, 2012a. 368 p.

RESENDE, Erica Simone Almeida. Identidade, Nação e identidade nacional: uma proposta de leitura semiótica do 11 de Setembro. **Revista Teoria e Sociedade**, Minas Gerais, v. 19, 2012b.

RESENDE, Erica Simone Almeida; BUITRAGO. Sybille Reinke de. Populism in Times of Spectacularization of the Pandemic: how populists in germany and brazil tried to "own the vírus" but failed. **Societies**, v. 13, n. 1, p. 1-14, 2022. http://dx.doi.org/10.3390/soc13010009.

RESENDE, Erica Simone Almeida; LEITE, Lucas Amaral Batista. The construction of threats and enemies in US presidential discourses (1993-2013). **Topoi**, Rio de Janeiro, v. 24, n. 52, p. 103-130, jan./abr. 2023.

ROCHA, Mateus de Paula Narciso. **A Doutrina Cronos**: o quarto padrão da política dos Estados Unidos para a China (2009-2018). 2020. 352 f. Dissertação (Mestrado em Relações Internacionais) – Universidade Federal de Uberlândia, Uberlândia, 2020. Disponível em: https://repositorio.ufu.br/handle/123456789/29297. Acesso em: 22 mar. 2023.

SCHEFFER, Alexandra de Hoop; QUENCEZ, Martin; WEBER, Gesine. Transatlantic Trends 2023: public opinion in a shifting global order. Public Opinion in a shifting global order. **GMF**, 12 Sept. 2023. Disponível em: https://www.gmfus.org/news/transatlantic-trends-2023. Acesso em: 31 out. 2023.

SEARS, Nathan Alexander. The Securitization of COVID-19: three political dilemmas. Three Political Dilemmas. **Global Policy**, 25 Mar. 2020. Disponível em: https://www.globalpolicyjournal.com/blog/25/03/2020/securitization-covid-19-three-political-dilemmas. Acesso em: 20 ago. 2023.

SHIN, Francis. Sanctions by the numbers: spotlight on china. Spotlight on China. **Center for a New American Security**, 02 Dec. 2020. Disponível em: https://www.cnas.org/publications/reports/sanctions-by-the-numbers-2. Acesso em: 25 set. 2023.

SILVER, Laura; DEVLIN, Kat; HUANG, Christine. Republicans see China more negatively than Democrats, even as criticism rises in both parties. **Pew Research Center**, 30 July 2020. Disponível em: https://www.pewresearch.org/short-reads/2020/07/30/republicans-see-china-more-negatively-than-democrats-even-as-criticism-rises-in-both-parties/. Acesso em: 15 out. 2023.

SKONIECZNY, Amy. Economic Security and the U.S.-China Trade War. *In*: CARTER, R. G. **Contemporary cases in U.S. foreign policy**: from National Security to Human Security. Maryland: Rowman & Littlefield Publishers, 2021.

STEPHENS, Philip. **Trade is just an opening shot in a wider US-China conflict**. 2019. Disponível em: https://www.ft.com/content/9317cc0e--7664-11e9-be7d-6d846537acab. Acesso em: 26 abr. 2024.

SUTTER, Robert G. **US-Chinese relations**: perilous past, pragmatic presente. Maryland: Rowman & Liilefield Publishers, 2010.

SWANSON, Ana; BRADSHER, Keith. **U.S. and China Angle for Trade Truce, but Both Insist the Other Will Back Down**. 2019. Disponível em: https://www.nytimes.com/2019/06/27/us/politics/us-china-g-20-trade.html. Acesso em: 26 abr. 2024.

TAPPE, Anneken; KURTIZ, Annalyn. **The US economy lost 701,000 jobs in March - worst report since 2009**. 2020. Disponível em: https://edition.cnn.com/2020/04/03/economy/march-jobs-report-coronavirus/index.html. Acesso em: 16 nov. 2023.

THOMPSON, Drew. **When Xi meets Trump, could the personal touch avert a China-US break-up?** 2018. Disponível em: https://www.scmp.com/comment/insight-opinion/united-states/article/2174269/when--xi-meets-trump-could-personal-touch-avert. Acesso em: 26 abr. 2024.

TRUMP, Donald John. China's 15% trade tax. **Tweets of September 14, 2017**. 14 set. 2017. Twitter: @realDonaldTrump. Disponível em: https://www.presidency.ucsb.edu/documents/tweets-september-14-2017. Acesso em: 25 nov. 2023.

TRUMP, Donald John. **National Security Strategy of the United States of America**. Executive Office of the President Washington D.C., 2017. Disponível em: NSS_BookLayout_FIN_121917.indd (archives.gov). Acesso em: 25 nov. 2023.

TRUMP, Donald John. The WTO is unfair to the U.S. **Tweets of April 06**, 2018a. Twitter: @realDonaldTrump. Disponível em: Tweets of April 6, 2018 | The American Presidency Project (ucsb.edu). Acesso em: 25 nov. 2023.

TRUMP, Donald John. **Talking trade with the Vice Premier of the People's Republic of China, Liu He**. 17 May 2018b. Twitter: @realDonaldTrump. Disponível em: https://twitter.com/realDonaldTrump/status/997227223638790144. Acesso em: 25 nov. 2023.

TRUMP, Donald John. 16% tax on soybeans. **Tweets of June 04, 2018**. 04 jun. 2018c. Twitter: @realDonaldTrump. Disponível em: Tweets of June 4, 2018 | The American Presidency Project (ucsb.edu). Acesso em: 25 nov. 2023.

TRUMP, Donald John. Donald Trump is more successful than Barack Obama. **Tweets of September 09, 2018**. 09 set. 2018d. Twitter: @realDonaldTrump. Disponível em: Tweets of September 9, 2018 | The American Presidency Project (ucsb.edu). Acesso em: 25 nov. 2023.

TRUMP, Donald John. Tax on China. **Tweets of May 05, 2019**. 05 mai. 2019a. Twitter: @realDonaldTrump. Disponível em: Tweets of May 5, 2019 | The American Presidency Project (ucsb.edu). Acesso em: 25 nov. 2023.

TRUMP, Donald John. The U.S. loses billions of dollars a year in trade. **Tweets of May 06, 2019**. 06 mai. 2019b. Twitter: @realDonaldTrump. Disponível em: Tweets of May 6, 2019 | The American Presidency Project (ucsb.edu). Acesso em: 26 nov. 2023.

TRUMP, Donald John. First phase of the trade agreement with China. **Tweets of December 13, 2019**. 13 dec. 2019c. Twitter: @realDonaldTrump. Disponível em: Tweets of December 13, 2019 | The American Presidency Project (ucsb.edu). Acesso em: 26 nov. 2023.

TRUMP, Donald John. China's policy of complete decoupling. **Tweets of June 18, 2020**. 18 jun. 2020a. Twitter: @realDonaldTrump. Disponível em: Tweets of June 18, 2020 | The American Presidency Project (ucsb.edu). Acesso em: 26 nov. 2023.

TRUMP, Donald John. The damage caused to the U.S. by the COVID-19 pandemic. **Tweets of June 30, 2020**. 30 jun. 2020b. Twitter: @realDonaldTrump. Disponível em: Tweets of June 30, 2020 | The American Presidency Project (ucsb.edu). Acesso em: 26 nov. 2023.

TRUMP, Donald John. Democrats are "heartless". **Tweets of September 16, 2020**. 16 set. 2020c. Twitter: @realDonaldTrump. Disponível em: Tweets of September 16, 2020 | The American Presidency Project (ucsb.edu). Acesso em: 26 nov. 2023.

TRUMP, Donald John. Biden will never be able to negotiate with China. **Tweets of November 02, 2020**. 02 nov. 2020d. Twitter: @realDonaldTrump. Disponível em: Tweets of November 2, 2020 | The American Presidency Project (ucsb.edu). Acesso em: 26 nov. 2023.

UNITED STATES. Department of Commerce. **U.S. Trade with China**. Wahington, DC: DOC, 2022. Disponível em: https://www.bis.doc.gov/index.php/country-papers/3268-2022-statistical-analysis-of-u-s-trade-with-china/file. Acesso em: 4 out. 2023.

UNITED STATES. White House. **United States Strategic approach to the People's Republic of China**, 20 May, 2020. Disponível em: U.S.-Strategic-Approach-to-The-Peoples-Republic-of-China-Report-5.24v1.pdf (archives.gov). Acesso em: 20 mar. 2023.

VAN DIJK, Teun. Principles of Critical Discourse Analysis. **Discourse & Society**, v. 4, n. 2, p. 249-283, 1993.

WAEVER, Ole. "Securitization and Desecuritization". In: LIPSCHUTZ, Ronnie (Ed.). **On Security**. New York: Columbia University Press, 1995. p. 46-86.

WÆVER, Ole. Politics, security, theory. **Security Dialogue**, v. 42, n. 4-5, p. 465-480, ago. 2011. DOI: http://dx.doi.org/10.1177/0967010611418718.

WARNER, Geoffrey. Nixon, Kissinger and the rapproachement. **International Affairs**, London, v. 83, n. 4, p. 763-781, 2007.

YELTAY, Arman. **O poder estrutural dos Estados Unidos e as Estratégias para Reforma do Sistema Multilateral de comércio**. 2020. 202 F. Dissertação (Mestrado em Relações Internacionais) – Universidade de Brasília, Brasília, DF, 2020.